JEANNE RULAND | SHANTIDEVI FELGENHAUER

AHNEN-HEILUNG

Auflösung von uralten Familienprägungen

Schirner Verlag

Die Ratschläge in diesem Buch sind sorgfältig erwogen und geprüft. Sie bieten jedoch keinen Ersatz für kompetenten medizinischen Rat, sondern dienen der Begleitung und der Anregung der Selbstheilungskräfte. Alle Angaben in diesem Buch erfolgen daher ohne Gewährleistung oder Garantie seitens der Autorinnen oder des Verlages. Eine Haftung der Autorinnen bzw. des Verlages und seiner Beauftragten für Personen-, Sach- und Vermögensschäden ist ausgeschlossen.

ISBN Printausgabe: 978-3-8434-1438-8
ISBN E-Book: 978-3-8434-6439-0

Jeanne Ruland & Shantidevi Felgenhauer: Ahnenheilung
Auflösung von uralten Familienprägungen

Schirner Verlag GmbH & Co. KG
Birkenweg 14a, 64295 Darmstadt
E-Mail: gpsr@schirner.com

Umschlag: Elena Lebsack, Schirner, unter Verwendung von #577570375 (© Fominayaphoto), #1034679463 (© superbank stock), #299954873 (© kurbanov), #1037683225 (© kurbanov), www.shutterstock.com
Layout: Elena Lebsack, Schirner
Lektorat: Kerstin Noack-Zakel & Natalie Köhler, Schirner
Printed by: Ren Medien GmbH, Germany

www.schirner.com

9. Auflage Januar 2025

INHALT

UNSERE SPIRITUELLEN AHNEN 81

DAS ERWACHEN DER AHNENKRAFT ... 111

Widmung von Jeanne Ruland

Ich widme dieses Buch dem hawaiianischen Aloha-Spirit und den Ahnen, die vor uns kamen und unseren Weg bereitet haben.

Von ganzem Herzen danke ich meinen Großeltern väterlicherseits. Sie haben immer an mich geglaubt, mich unterstützt, getragen, beschützt und aufgebaut. Sie waren immer für mich da und haben mir Liebe und Geborgenheit geschenkt sowie mir Mut gemacht, meinem Lebensweg zu folgen und meine Bestimmung zu leben. Danke für all die Liebe, die ich durch euch erfahren durfte.
Ich segne all die Ahnen, deren Blut in meinen Adern fließt. Ich danke meinen Eltern, dass sie mir das Leben geschenkt haben, das ich in meine liebenden Hände genommen habe. Die Liebe, die ich erfahren durfte, und die Liebe, die in mir wohnt, gebe ich an meine Kinder weiter, um sie so allen, die nach mir kommen, zuteilwerden zu lassen. Ich segne euch.

Ich möchte meinen geistigen und spirituellen Ahnen danken, die zu meiner Familie gehören. Ich bin verbunden mit den Kräften der Erde und des Universums.
Ich danke meiner spirituellen Ahnenlinie für all die Einweihungen, tiefen inneren Erfahrungen und Erkenntnisse, die meinen Weg leuchtend erhellen und mich mit meinen spirituellen Kräften und Fähigkeiten – meinem wahren Erbe – verbinden. Ich ehre meine spirituellen Ahnen und segne sie. Möge der Segen in alle Reiche, Ebenen und Dimensionen fließen. Mögen die Linien heilen und sich ins Licht erheben.

Mögen wir uns in Licht und Liebe wieder miteinander verbinden, wenn die Zeit gekommen ist.

Möge dieses Buch uns die Augen öffnen und uns auf vielen Ebenen und in vielen Dimensionen segnen und bereichern. Ihr spirituellen Ahnen, die ihr vor mir kamt und meinen Weg geebnet habt, ich ehre euch und widme euch diese Zeilen.

Widmung von Shantidevi Felgenhauer

Dieses Buch widme ich der einen Kraft, der großen Liebe, die uns erschafft, erhält und unser wahres Wesen ist.
Liebe führt uns zu Erfahrungen und segnet alles, was ist.
Liebe ist die größte erschaffende Kraft. Durch sie sind wir am Leben.
Liebe ist die stärkste heilende Kraft im Universum.
Liebe führt uns auf unseren ganz eigenen spirituellen Pfad und letztlich nach Hause in unser wahres Sein.

Ich danke euch, ihr Ahnen, die ihr vor mir wart, für das Geschenk des Lebens und der Liebe. Ohne euch gäbe es mich nicht. Von ganzem Herzen ehre und achte ich euer Leben, wie es war. Ich danke euch zutiefst, dass ich durch euer So-Sein – als euer Nachkomme – so viel vom Mysterium des Lebens lernen durfte, von der Verzerrung der Liebe und vom Segen der Erlösung durch die Liebe.
Ich danke ganz besonders den priesterlichen Ahnen aus der Linie meiner Großmutter väterlicherseits, ihr seid mir seit Langem Trost und Segen, Licht und Unterstützung.

Ich danke euch, ihr spirituellen Ahnen, ihr Lehrer auf meinem Weg, die ihr mich durch Schulungen und Einweihungen in ein tieferes Verständnis des Seelenweges als Mensch geführt habt.
Ich danke meiner Seele für all die kostbaren und erkenntnisreichen Erinnerungen aus vielen vergangenen Zeiten, sie sind wie Puzzleteile für mein ganzes Potenzial, das sich nach und nach, Stück für Stück, wieder zusammenfügt.

Ich fühle mich heute zutiefst verbunden mit Himmel und Erde, mit den Engeln und Aufgestiegenen Meistern. Ich fühle mich genährt und gesegnet durch eure Linien.

Ich durfte erfahren, dass die unerfüllte Liebe in Familiensystemen uns letztlich auf die Suche nach der einen Liebe gehen lässt, die bleibt. Dass ich – gleichzeitig mit so vielen Menschen – jetzt diesen Weg der Erinnerung gehe, ist ein ganz großes Geschenk, gerade weil wir die Liebe so lange schmerzlich vermisst haben. So wachsen wir in dem Verstehen um unser wahres Sein.
Möge alles, was in uns heilt, eine Quelle des Lichtes, der Inspiration und des Segens sein, für alle Menschen auf diesem wunderschönen Planeten, die mit uns und nach uns den Weg nach Hause beschreiten.
Mögen wir uns alle daran erinnern, wer wir wirklich sind.

Erinnere dich:
Du bist Licht vom Lichte,
Liebe aus der Liebe …

EINFÜHRUNG

Ein kurzes Wort zu unserer gemeinsamen Arbeit

Wir, Jeanne Ruland und Shantidevi Felgenhauer, freuen uns, dieses Buch gemeinsam zu schreiben. Wir wandern schon eine ganze Zeit lang auf einem gemeinsamen Weg und stehen in einem fruchtbaren Austausch, der uns schon viele wundervolle Erkenntnisse geschenkt hat. In unseren gemeinsamen Seminaren haben wir immer wieder erlebt, dass wir uns so wunderbar ergänzen und dass die Impulse in unserer Arbeit aus dem einen geistigen Raum kommen, obwohl Jeannes Arbeit vor allem von der hawaiianischen Tradition geprägt ist und Shantidevis Arbeit von der Reinkarnationstherapie und dem Familienstellen. Wir haben viel Altes erlösen und Potenzial aktivieren können, indem wir Erlösungsarbeit mit Potenzialarbeit verbunden haben. Diese Kombination ist einfach genial, da wir mit unserem Potenzial die in uns sitzenden Schatten, Herausforderungen und Hindernisse erkennen und sie so erlösen können.
Unsere erworbenen Erkenntnisse aus langjähriger Praxis wollen wir dir in diesem Buch mit auf den Weg geben. Wir werden dir viele praktische Anregungen aus unserer Werkzeug- und Schatzkiste vorstellen, um dich auf deinem Pfad in ein erfülltes Leben zu unterstützen. Mögen sie zum Segen werden für viele Menschen.

Möge dieses Buch dir, lieber Leser, liebe Leserin, viele Erkenntnisse, Einsichten und neue Wege eröffnen, die Vielschichtigkeit der Ahnenarbeit aufzeigen und dich auf dem Weg in eine höhere Dimension und zu einer umfassenderen

Sichtweise führen. Durch Übungen, Rituale und Meditationen wird dir die praktische Umsetzung des neuen Wissens erleichtert und dein innewohnendes Potenzial aktiviert.

Viel Freude und viele Erkenntnisse beim Lesen.
Gesegnet sei das Göttliche – in mir, in dir, in jedem von uns.
Aloha nui loa – viel Liebe.

Jeanne Ruland & Shantidevi Felgenhauer

Warum unsere »Ahnen« mehr sind als unsere Vorfahren

Im Hawaiianischen fasst man die Ahnen unter den Begriff »Aumakua« zusammen. Er ist ein umfassenderer Begriff für die Energie des Hohen Selbst, in dem sowohl die freien Weisheitskräfte unserer spirituellen Ahnen als auch der Ahnen aus unserer Blutlinie gebündelt sind. Zu den spirituellen Ahnen können neben tatsächlichen Ahnen Tiergeister, Pflanzenwesen, Mineralien, Wesen der Naturreiche, verschiedener Engelreiche, Meisterebenen, Sternenreiche, Heiler-Priester-Traditionen aus verschiedenen Kulturen und vieles mehr gehören. Aumakua beschreibt das gesamte Potenzial, das uns innewohnt, das in unseren Zellen auf sein Erwachen wartet und durch das wir mit unserer Seele verbunden sind, und ist umfassender und weitreichender als andere Begriffe für Ahnen und Erben. In diesem Buch geht es um unsere Ahnenlinien, unser wahres und göttliches Erbe und unser uns innewohnendes Potenzial, das nicht nur die menschliche Ebene umfasst, sondern auch die spirituelle, geistige Ebene. Wenn wir erkennen, wer wir sind und woher wir kommen, können wir vollenden, wofür wir hier sind.

Wir sind am Ende eines 16,4 Milliarden Jahre alten Schöpfungszyklus angekommen. Die Schöpfung vollendet sich. Wir sind dabei, aus dem Dornröschenschlaf zu erwachen, uns aufzurichten und uns wieder auf das, was wir wirklich sind, zu besinnen. In diesem Zyklus haben wir als Seele viel durchlebt und erfahren, jeder von uns auf seine einzigartige Weise. Es ist Zeit für die Rückverbindung mit dem Ur-

sprung, für die Heilung der alten Zyklen und Kreise und für eine Neuausrichtung im Einklang mit der Schöpfung.
Wenn die Kreise sich wieder verbinden und heil werden, dann beginnt ein neues Zeitalter des Friedens.

Zu den Kreisen, durch die wir verbunden sind, gehören die Ahnen- und Verwandtschaftskreise, die unsere Kindheit maßgeblich prägen und durch die wir bestimmte Muster und Verhaltensweisen annehmen. In vielen Fällen sind sie durch schwere Schicksalsschläge, Dramen in Form von Missbrauch der heiligen Energie, Angst, Verrat, Wut, Unfrieden, dem Schrei nach Gerechtigkeit, Streitigkeiten, Verstrickungen, Krankheiten, Süchten usw. lückenhaft und zerbrochen. Dies zieht sich oft über Generationen hinweg und erweckt das alte Leid immer wieder neu zum Leben. Wir können weitermachen wie bisher und die alten Muster weitergeben oder beginnen, uns völlig neu auszurichten und einen neuen Blickwinkel auf diese Kreise einzunehmen, wenn wir bereit sind, unser Schöpferpotenzial anzuerkennen und uns immer mehr zurück zu unserer spirituellen Natur zu entwickeln.
Wir gestalten diese Schöpfung maßgeblich mit, und dies ist unsere große Chance, neue Wege zu gehen und neue Muster im Einklang mit der göttlichen Matrix zu weben für unsere Kinder und Kindeskinder. Denn auch wir werden eines Tages in den Reihen der Ahnen stehen und über unsere Nachfahren wachen.

Wenn wir eine neue Zeit des Friedens, der Freude, der Freiheit einleiten möchten, so wird es Zeit, diese Qualitäten in unserem Leben zu erwecken, aus alten Mustern auszusteigen, Kreise zu schließen, Erkenntnisse zu gewinnen, unser wahres Erbe anzutreten und unser wahres Potenzial zu entfalten.

Wir sind der Schlussstein einer Zeitspanne und damit der Beginn einer neuen Zeit. Jeder von uns trägt alles in sich, um dieses Leben kraftvoll zu meistern. Wenn wir das Potenzial in uns kennenlernen und freilegen, sind wir in der Lage, alle Herausforderungen zu meistern.

Es ist ganz gleich, was du hinter dir hast.
Es spielt keine Rolle, wie viel Schmutz
deine äußere Erscheinung abbekommen hat.
Es ist unwichtig, was andere Menschen über dich sagen.
Du trägst den ewigen Funken Gottes in deinem Innersten,
strahlend, unverändert und rein.
Betritt den Platz, den Gott dir gegeben hat.
Nimm dein Leben in deine liebenden Hände, öffne dich.
Empfange den Segen von Himmel und Erde.
Erinnere dich. Wache auf.
Betritt die heilige Halle der Einweihung in deinem Herzen.
Dein Höheres Selbst, dein innerer Lehrer, wohnt in dir.
Er wartet darauf, dass du mit ihm in Kontakt trittst.
Du kannst dein Leben in Liebe, Frieden und Freude gestalten
und andere Menschen mit deinem Licht anstecken.
Alles ist bereits in dir.

Ein neuer Blick auf LEBEN und TOD

Hinter allem wirkt ein Licht, ein ewiger Strom des Lebens. Leben kommt, Leben geht, und Leben kommt wieder, da wir ewig sind. »Ola« ist das hawaiianische Wort für Lebensfluss. Darin verbirgt sich das ewig schwingende, pulsierende Licht als Symbol für unbegrenzte Energie und Bewusstsein. Den Ausdruck »Wai Ola« finden wir in vielen Legenden, Geschichten und Gebeten Hawaiis. Er bedeutet »Wasser des Lebens« oder »Fluss des Lebens«.
Das Leben ist ein anhaltender Fluss, der selbst mit dem Tod nicht endet – denn der Tod ist eine Fortführung des Lebens in eine andere Richtung, in eine andere Dimension, einen anderen Zustand. Der Tod steht nicht im Gegensatz zum Leben, sondern ist ein Teil davon.

Die Hawaiianer betrachten den Tod also als Teil des Lebens, der zu den fortlaufenden, immerwährenden Lebensprozessen gehört. Er ist so selbstverständlich wie der natürliche Kreislauf, die Verwandlung, die wir in der Natur beobachten können, z. B. beim Vogel, der aus dem Ei schlüpft, der Raupe, die zum Schmetterling wird, oder dem Samen, der zum Baum heranwächst. Jeder von uns hat eine Aufgabe zu erfüllen. Unser Höheres Selbst achtet darauf, dass wir diesen Lebenssinn entfalten. Ob wir das innerhalb von einigen Stunden, in zweihundert Jahren, mit Freude oder widerwillig tun, bleibt uns überlassen. Es gibt viele Ebenen über der sichtbaren Ebene. In der hawaiianischen Kultur existiert keine Zeitlinie, sondern es gibt nur Wellen, Kreise und Zyklen. Die Zeit kann sich ewig ausdehnen. Deshalb ist es auch nicht wichtig, wann etwas geschieht. »Alles ist gut so, wie es ist«, ist ein sehr wichtiger Satz auf Hawaii. Er gibt ein tiefes Vertrauen in die Kraft, die alles durchdringt, alles erschafft und wieder zu sich nimmt. Der Tod wird als innerer Raum gesehen, in dem man auf das gelebte Leben zurückschaut, alte Bekanntschaften auffrischt, in dem die Lebenskraft sich erholt und erneuert und man sich für neue Erfahrungen des Wachstums bereit macht. Jede Nacht verlassen wir unseren Körper, um in unseren Träumen in diesen »Innenwelt-Raum« zu gehen. Wir können diesen Raum auch über Meditation, Trance und schamanische Reisen betreten. Wir wurden aus dem geistigen Raum geboren, stehen mit diesem Ort regelmäßig in Kontakt und werden wieder dorthin zurückkehren, um vielleicht erneut daraus geboren zu werden. Unser Höheres Selbst verweilt in diesem ewigen Raum, in dem alles möglich ist. Aus diesem Bereich stammen auch die Wellen der Energie, die uns erfassen können, um uns in völlig neue Erfahrungen und Bewusstseinsebenen hineinzutragen, und auch die Seelen, die wir im Zeugungsakt auf einer Welle von Energie empfangen. Diesen inneren Raum können wir jederzeit betreten, wir tun es sowieso, wenn wir uns schlafen legen, um mit der Weisheit unserer Seele in Kontakt zu treten, Altes aufkommen zu lassen, es zu betrachten und zu wandeln. Hier können wir uns mit unseren Ahnen treffen und tief greifende Einweihungen in unser wahres Wesen erfahren.

Die Lehre von der Ewigkeit unserer Seele findet sich in vielen Kulturen überall auf der Welt, auch in unseren alten Wurzeln …

Das hohe Potenzial der Ahnenarbeit

Eintauchen in die Liebe …
Den Schmerz der Gnade übergeben,
dem erlösenden Herz Gottes …
Auferstehen und leuchten …

Unsere Ahnen sind unser Ursprung, unsere Kraft und unser Erbe. Sie spiegeln mit ihren Themen unseren Seelenweg, unser Potenzial, aber auch unsere Blockaden. Oft haben wir Scheu, uns ganz mit ihnen zu verbinden, weil wir das Unerlöste und die Lasten fürchten, die wir unbewusst mitgetragen haben.

Doch erst wenn wir uns ihnen wieder in Liebe zuwenden, öffnen wir uns für ihren Segen und das ganze Potenzial, das in unseren Ahnenlinien liegt. Es wartet nur darauf, endlich als großes Geschenk in die Welt gebracht zu werden.

Wir sind niemals getrennt von der Liebe. Sie durchdringt uns, sie ist unsere tiefste Essenz, sie ist die Kraft der höchsten Manifestation und die stärkste Heilkraft im Universum. Immer mehr Menschen erwachen zu ihrem wahren Sein, auch wenn alte Identifikationen sich immer wieder einmal wie dunkle Schleier über unser Licht legen. Unter diesen Schleiern sind wir jedoch strahlende, großartige Lichtwesen, die nur darauf warten, der Welt ihr Leuchten zu schenken. In unserem wahren Sein sind wir geborgen, sicher, unverletzlich und unsterblich. Und je mehr Menschen wieder in der Liebe zu Hause sind, desto leichter können globale Veränderungen geschehen.

Viele Menschen denken bei »Ahnenarbeit« erst einmal an ein schweres Schicksal, immer wiederkehrende Muster, die unbewusst über Generationen weitergegeben werden, Leid und Schmerz. Wir haben so sehr gelernt, auf das zu achten, was nicht in Ordnung ist und was wir uns anders wünschen, statt auf das zu blicken, was längst da ist. Unsere genetischen und unsere spirituellen Ahnen halten für uns Schätze bereit, von denen wir oft keine Ahnung haben.

Auf unserem Seelenweg haben wir unendlich viele Erfahrungen gesammelt und Fähigkeiten entwickelt. Oft sind sie noch verborgen unter alten Gelübden und Versprechen, aber sie liegen bereit, sodass wir die Schätze aus den verstaubten Schatzkammern wieder befreien können. Genauso ist es mit dem Potenzial unserer genetischen Ahnenlinie, unserer Familie. Wir inkarnieren immer in einer Familie, die unserer Entwicklung optimal dient. Das heißt oft auch, alte Wunden zu aktivieren, damit sie heilen können, und uns auf die Suche nach der wahren Liebe und unserem wahren Sein zu machen. Wir entdecken auf dieser Reise die vielen verschiedenen Aspekte unseres Wesens und dürfen sie – in dieser ganz besonderen Zeit – wieder zu dem funkelnden Juwel zusammenfügen, das wir in der Tiefe unseres göttlichen Wesens sind. Wenn wir lernen, auf das Gute zu achten, fühlen wir uns immer gestärkt. Es ist an der Zeit, dass wir den Fokus wieder auf unser Potenzial und das gute Erbe legen, damit es in uns blühen, wachsen und reifen kann. Wir brauchen eine Welt, in der wir neue Wege gehen.

Nelson Mandela hat in seiner Antrittsrede als erster schwarzer Präsident von Südafrika einen wunderschönen Text von Marianne Williamson zitiert. In diesem erinnert er uns daran, dass wir uns nicht am meisten vor unserer inneren Dunkelheit, sondern vor unserem inneren Licht fürchten. Unser tiefster Schatten (das, was vergessen und verdrängt wurde) ist das eigene innere Licht, das eigene göttliche Bewusstsein. So möchten wir dir, lieber Leser, liebe Leserin, Wege des Wandels, der Erinnerung an das eigene Licht und das Licht deiner Ahnen aufzeigen, dich inspirieren, die Vergangenheit loszulassen und mit Freude und Leichtigkeit in eine neue Zeit zu gehen. Wir möchten dich ermutigen, dir selbst zu vertrauen, damit dein wahres Wesen dein Leben und alles, was du berührst, segnen kann.

Ahnenarbeit und Ahnenheilung aus reinkarnationstherapeutischer und systemischer Sicht

Ich, Shantidevi, bin sehr dankbar, dass Jeanne und ich das Thema »Ahnenheilung« aus unterschiedlichen Blickwinkeln betrachten. Jeanne bringt einen riesigen Erfahrungsschatz aus dem Schamanismus – insbesondere auch aus dem hawaiianischen Huna – und aus vielen Einweihungen mit und ist für Menschen durch ihre Hellsichtigkeit einfach ein großer Segen. Wir arbeiten beide intensiv mit Transformation und Erlösung, und wir unterstützen mit großer Freude Menschen dabei, ihr höchstes Potenzial zu erreichen.

Seit Anfang der 1990er-Jahre praktizierte ich Reinkarnationstherapie. Dabei wurde mir immer wieder deutlich, dass heutige Probleme Ausdruck zeitloser Muster der Seele sind. Wir entwickeln uns von unbewussten auf immer bewusstere Ebenen. Ich sehe unsere spirituellen Ahnen zutiefst verbunden mit unseren Seelenwegen, unseren Erfahrungen in vergangenen Zeiten, in früheren Leben. Dort haben wir Licht und Schatten erlebt, haben vergessen, wer wir wirklich sind, haben alle möglichen Rollen gespielt, um sie am Ende zu unserem ureigensten Potenzial zusammenzufügen. Die Zeit der Vereinigung zu einem leuchtenden Juwel ist jetzt gekommen. Nie zuvor gab es so viele Therapie- und Seminar-Angebote für persönliches Wachstum. Der größte Segen ist für mich stets, in die Erfahrungen zu gehen, in denen wir unser höchstes Potenzial erfüllend gelebt haben. In denen wir spüren können, wie es sich anfühlt, verbunden mit unserem göttlichen Potenzial zu sein und unser Lichtbewusstsein hier auf der Erde auf unsere einzigartige Weise auszudrücken. Solche Erinnerungen sind wie Leuchtfeuer auf dem spirituellen Weg. Wir fühlen uns nicht zufällig zu Plätzen und Kulturen hingezogen. Unsere Seele kennt sie. Ich habe es immer wieder erlebt, an Orte zu kommen wie z. B. Glastonbury, Stonehenge, die ägyptischen Tempel, Córdoba oder Hawaii und einfach das Gefühl zu haben, nach Hause zu kommen. An solchen Orten sind wir spirituell verankert, und wenn wir sie wieder betreten, gehen große Tore in unserer Seele auf. Hier sind wir verbunden mit den alten Lichttraditionen, die zu uns gehören.

Auch unsere genetischen Ahnenlinien sind mit unserem Seelenweg untrennbar verbunden. Wir finden in unseren Ahnenreihen alle Muster, die zu uns gehören, Hinweise auf unser höchstes Potenzial, Unterstützung und Förderung. Aber auch Schattenthemen, die noch nicht aufgelöst sind, können wir dort entdecken. Ich habe immer wieder Menschen getroffen, die wie Lichtbringer sind für ihre Ahnen. Sie berühren unerlöste Themen mit ihrer Liebe und ihrem Mitgefühl, sie ehren und achten die Wege der Ahnen und bringen damit Erlösung für viele Seelen aus unseren Ahnenreihen, die noch nicht ins Licht gehen konnten.

Seit Ende der 1990er-Jahre bringe ich in meinen Seminaren spirituelle Aspekte in die systemische Familientherapie ein, arbeite mithilfe der Geistigen Welt und mit Heilkreisen. Dabei erlebe ich immer wieder, dass die Liebe wie ein Strom der Gnade ist, der sich in die ungeheilten Themen ergießt und sie befreit. Wir waren so lange durch die unbewusste

Liebe loyal zu dem Schmerz, der Trauer, der Unversöhnlichkeit und all den unerlösten Aspekten unserer Ahnen. Jetzt ist die Zeit, auch ihr Potenzial zu sehen und uns mit den Träumen unserer Ahnen nach Erfüllung loyal zu erklären, das fortzuführen, was sie vielleicht nicht vollenden konnten. So nehmen wir die ungelebte Fülle in Besitz und geben sie in Liebe weiter an unsere Kinder.

In unserer Blutlinie gibt es aber auch die lichtvollen Ahnen, diejenigen, die längst im Licht sind und zutiefst liebend und Segen spendend auf ihre Nachkommen blicken. Sich mit ihnen, unseren spirituellen Ahnen und der Geistigen Welt zu verbinden, öffnet eine neue, leichtere Dimension der Heilarbeit. Daraus fließt unendlich viel Segen.

Ahnenheilung aus schamanischer Sicht

In früheren Zeiten wurden die Ahnen in jeder Kultur verehrt, und es wurden Ahnenplätze aufgesucht, um Rat, Trost, Halt und Inspiration zu erhalten. Das wahre Potenzial und die erworbenen spirituellen Fähigkeiten wurden oft von einer zur anderen Generation weitergegeben. So blieb das Wissen erhalten, und in einer neuen Generation konnte wieder nach ihm gelebt werden. Wir finden heute noch viele uralte Traditionen und Zeremonien, die aus der Ewigkeit stammen und immer weitergereicht wurden, wie z. B. die Schwitzhütte, altes Heilwissen …

Auch in Märchen und Mythen finden wir viele Geschichten, in denen der Held oder die Heldin Inspiration und Kraft aus den Ahnenreichen erwirbt. Eines der bekanntesten Märchen ist »Aschenputtel«, in dem die Heldin am Grab ihrer Mutter Unterstützung bekommt und trotz aller Herausforderungen ihr Glück findet.

Ich, Jeanne, möchte hier von meinen eigenen Einsichten zu den Ahnen schreiben. In meiner schamanischen Ausbildung bin ich einmal in verschiedene Zellen gereist, in Stammzellen, Herzzellen, Geistzellen, Knochenzellen …, um ihre Energie zu erfahren. Am meisten verblüfften mich die Knochenzellen. Während alles andere schon längst vergangen und gelöst war, saß ich als Knochenzelle immer noch putzmunter über Äonen in der Erde und konnte mich an alles, was einmal war, erinnern. Ich erhielt dieses Wissen geduldig aufrecht.

Unsere Knochen bestehen aus verschiedenen Mineralien und kristallinen Strukturen, die viel Wissen speichern können. Sie speichern alles, was wir zu Lebzeiten erfahren, gelernt und emotional erlebt haben. Dieses Wissen wird über die Knochen, die Steine und die kristallinen Strukturen sowie das Kristallgitternetz der Erde aufrechterhalten und kann, wenn die Zeit gekommen ist, abgerufen und transformiert werden.

Gehen wir davon aus, dass in uns ein Funke leuchtet, der ewig ist – »Ich bin, ich war, ich werde sein« –, dann ist vieles alte Wissen unserer Seelenessenz in den Steinen, Mineralien und Knochen gespeichert und abrufbar. Vielleicht wirken deshalb alte Ahnenplätze, Steinkreise, Gräber und sakrale Gebäude anziehend auf uns. Vielleicht sind es Seelenaspekte der Knochen, die uns rufen, damit wir uns erinnern, aufwachen, uns erlösen und erkennen, wer wir wirklich sind.

Ich bin viel gereist und habe viel gesehen und erlebt in meinem bisherigen Leben. Es gab Plätze, die mich für immer verändert haben, nachdem ich sie besucht hatte, Plätze, die mich verzaubert haben, und Plätze, an denen ich nicht mehr aufhören konnte zu weinen und furchtbaren Schmerz empfand, bis ich mich mutig erinnerte. Etwas in mir wurde erlöst, wach geküsst, tief berührt, bis ans Ende dieser Zeit.

Wie viele alte Knochen, Steine, Schädelorakel und Orakel der Ahnen gibt es hier auf dieser Welt? Was hat es mit den alten Stätten dieser Erde und den Kristallschädeln auf sich? Was ist im ewigen Eis, in den Wasserkristallen, eins zu eins gespeichert und wird jetzt, wenn das Eis schmilzt, wieder freigegeben? Unsere Seele erinnert sich, damit der Samen, der schon längst in uns angelegt ist, aufgehen kann. Unsere Essenz ist in viel mehr gespeichert, als wir uns vorstellen können.

Natürlich gehören dazu nicht nur wundervoll erhebende Dinge, sondern alles, was in der Menschheitsgeschichte geschehen und gespeichert ist, also auch all die grausamen Morde, Rituale und Kriege. Ebenso zählen Erinnerungen sowie das weitreichende, ewige Potenzial, das mit den Sternen und dem gesamten All verbunden ist, dazu. Mit diesem Potenzial in Berührung zu kommen, kann tiefen Schmerz und höchste Erlösung bedeuten.
Wir leben in einer Zeit der Gnade, in der uns Vieles zugänglich wird, da wir uns immer mehr aus der Materie erheben und unser geistiges göttliches Potenzial erwacht. Wir gelangen in neue Dimensionen und können nun tiefer, weiter und umfassender sehen. Manches will nur einfach noch einmal betrachtet werden, damit es sich wandeln kann.
Unsere Ahnen, die in der Ewigkeit erwacht sind, weil sie die göttliche Essenz in sich erkannt haben, warten still und ewig segnend darauf, dass wir diesen Weg hier vollenden. Sie wollen uns in unser wahres Erbe einweihen, das nicht von dieser Welt ist.

Wir möchten dich auf diese spannende Reise mitnehmen und vielleicht das eine oder andere in dir wieder wachrufen. Wir gehen gemeinsam in eine neue Zeit. In jedem von uns wohnt ein immenses Potenzial, eine einzigartige Kraft und unendliche Fähigkeiten. Es gibt keine Grenzen. Alles ist möglich. Wenn wir das Unmögliche für möglich halten, kann es wahr werden. Die genetischen und spirituellen Ahnen warten auf dich – seit Äonen. Wenn du dein wahres Potenzial entdeckst, dann war kein gelebtes Leben in deinen Ahnenlinien umsonst. Wir erlösen mehr, als wir uns vorstellen können.

UNSERE GENETISCHEN AHNEN

Eine neue Sicht auf unsere Eltern

Unsere Eltern und unsere Verwandten gehören zu den wichtigsten Lehrern, sie prägen durch ihr Sein unsere Sicht auf die Welt, unser Selbstverständnis und unsere Beziehung zu uns selbst und zu anderen.

Von einer spirituellen Warte aus gesehen, sind sie Spiegel und Verstärker unserer eigenen mitgebrachten Muster, sie fördern oder unterdrücken Seiten in uns, die unserer Aufmerksamkeit bedürfen. Sie machen uns das größte Geschenk überhaupt – unser Leben.

Wir begegnen uns nahestehenden Menschen immer wieder, spielen die verschiedensten Rollen, sind füreinander Herausforderung, Segen und Heilungsengel. Und all das planen wir auf einer hohen Ebene gemeinsam, und es geschieht aus Liebe.

Natürlich erleben wir das oft erst einmal anders. Ich, Shantidevi, habe z.B. viele Jahre damit gehadert, lange Zeit eine schwer kranke Mutter zu haben, die ihrem Leben oft nicht mit Leichtigkeit begegnen und ihre volle Kraft nicht entfalten konnte. Sie hat mir hauptsächlich Tapferkeit und aufopferungsvolle Liebe vorgelebt und war dadurch für mich kein wirklich gutes Vorbild für eine eigenständige, gesunde, kraft- und würdevolle Frau. Irgendwann begriff ich in einer Therapiesitzung, dass ich gerade durch ihr Sein auf den medizinischen und später spirituellen Weg gekommen bin, vielleicht anfangs, um ihr zu helfen – und natürlich auch mir, da ich ja von ihr geprägt wurde. Durch sie habe ich Mitgefühl und liebende Fürsorge kennengelernt. Die Erkenntnis, dass sie genau die Richtige für mich war, um mich auf meinen Weg der Berufung zu bringen, brachte mir Tränen der Erlösung und Versöhnung. In solchen Momenten können wir im Sinne der radikalen Vergebung von einer höheren Warte aus vielleicht begreifen, dass nichts »Falsches« passiert ist, selbst wenn wir manches vermisst oder Schmerzen erlitten haben. Besonders wenn unsere Eltern selbst durch ein schweres Schicksal wie Kriegs-Traumatisierungen, Krankheit, Süchte oder Leid beeinträchtigt waren, konnten sie uns oft nicht das geben, was wir zum Gedeihen und zur Entwicklung unseres Potenzials und unseres natürlichen Selbstwertes als Kind so dringend benötigt hätten. Aber unsere Eltern haben immer ihr Bestes gegeben. Das vergessen wir oft. Wir schauen dagegen häufig milder auf die Eltern, wenn wir selbst Kinder haben und merken, wie oft man als Vater oder Mutter überfordert ist.

Oft laufen Menschen ihr ganzes Leben umher, als hätten sie einen Stempel auf der Stirn, auf dem steht: *Meine Eltern (mein Vater, meine Mutter) haben mich nicht (genug) geliebt.* Und sie erzählen sich immer wieder ihre Geschichte des Mangels.

Marshall B. Rosenberg, der Begründer der gewaltfreien Kommunikation, hat einmal in einem seiner Seminare gesagt, dass der Schmerz, den wir bei einem Ereignis erfahren, in der Regel nur 5 % des Schmerzes ausmache, den wir aufgrund dieses Geschehnisses mit uns herumtragen. 95 % des Schmerzes entstehen erst durch unsere Interpretation des Ereignisses und der daraus resultierenden Glaubenssätze, z. B.: »*Ich bin nicht gut genug, ich bin nicht liebenswert, ich darf nicht ich sein, ich muss etwas verbrochen haben, weshalb sie mich so behandeln usw.*«

Besonders wenn man immer wieder aus dem alten Schmerz und aus dem Mangel heraus auf die Eltern schaut, ist es schwer, Frieden zu finden.

Folgende Übung kann dir helfen, den Strom der Liebe und Dankbarkeit für deine Eltern wieder zu aktivieren und ins Fließen zu bringen.

ÜBUNG:

Was liebe ich an meiner Mutter (meinem Vater)?

Erzähle mindestens sieben Minuten lang einer vertrauten Person, was du an deiner Mutter (deinem Vater) magst, schätzt und liebst. Es ist hilfreich, wenn dein Begleiter bei dieser Übung immer wieder die Frage stellt: »Was liebst du an deiner Mutter (deinem Vater)?« Er sollte die Punkte, die du aufzählst, jedoch nicht kommentieren.
Du kannst dir natürlich auch aufschreiben, was dir einfällt. Nimm Momente aus deiner Kindheit, deiner Jugend und deiner Zeit als Erwachsener. Hier ein paar Beispiele:

Ich liebe an meiner Mutter,
- dass sie so oft mit mir gesungen hat.
- dass sie so wunderbar backt.
- dass sie mich schon mit in die Kirche genommen hat, als ich noch ganz klein war, und ich so ganz früh die erhebende wunderschöne Orgelmusik kennengelernt habe.
- dass sie mir ein warmes, sicheres Gefühl vermittelt hat, wenn ich als kleines Kind nach einem schlimmen Traum in ihr Bett gekrochen bin und sicher in ihrem Arm einschlafen durfte.

- dass sie so ein großes Herz hat.
- dass sie so kreativ ist.
- dass sie mir gern mein Lieblingsessen kocht, wenn ich zu Besuch komme.
- dass sie so gern lacht und Spaß macht.
- dass ich heute immer einmal einen Wellness-Tag mit ihr genießen kann.
- …

Dann stelle dir die Frage, wofür du deiner Mutter (deinem Vater) dankbar bist:

Ich bin meiner Mutter dankbar,
- dass sie mir und meinen Geschwistern immer schöne Dinge genäht hat.
- dass sie, auch wenn sie krank war und es ihr sehr schlecht ging, immer ein gutes Essen auf den Tisch gezaubert hat.
- dass sie mir ganz geduldig das Häkeln und Stricken beigebracht hat.
- dass sie immer ein offenes Ohr für meine Nöte hatte, als ich klein war.
- dass sie mich öfter bei meinen Hausaufgaben unterstützt hat.
- dass ich so gut mit ihr reden kann/konnte.
- dass ich viel von ihrer Schönheit geerbt habe, die Augen, die Haare …
- dass ich von ihr gelernt habe, zu lieben.
- …

Es ist hilfreich, dann die Rollen zu tauschen, sodass der Übungspartner aufzählt, warum er seine Mutter (seinen

Vater) liebt und ihr (ihm) dankbar ist. Oft spricht er dann Dinge aus, die wir selbst erlebt haben, wie es eben nach dem Gesetz der Resonanz häufig der Fall ist. Und das erinnert uns an noch mehr Schönes und Gutes mit unserer Mutter (unserem Vater).

Die nachfolgende Meditation »Frieden mit den Eltern« habe ich viele Jahre lang in meinen Familienaufstellungs-Seminaren durchgeführt und dabei erlebt, wie sich die Sicht auf die Eltern plötzlich veränderte. Viele Teilnehmer weinten Tränen der Erleichterung, als sie erlebten, wie viel Liebe da war. Sie lernten, das Gute in ihren Eltern zu erkennen und sich zu erinnern, dass am Anfang Liebe da war – egal, wie kompliziert die Beziehungen später vielleicht auch wurden.
Nimm dir für diese Reise Zeit. Du verbindest dich auf ihr mit Erzengel Haniel. Er unterstützt dich, in deine wahre Größe zu kommen und auch deine Eltern in ihrer Einzigartigkeit zu sehen. Er schenkt dir die Gabe, wie mit Gottes Augen zu sehen, in Wahrheit und Klarheit.
Sollte auf dieser Reise jedoch ein anderer *lichtvoller* Begleiter auftauchen, dann vertraue deiner inneren Wahrnehmung, und gehe mit dem, was auftaucht.

MEDITATION:

Frieden mit den Eltern*

Mache es dir bequem … Schließe deine Augen …
Nimm ein paar tiefe Atemzüge. Lasse mit jedem Ausatmen Spannung los, und erlaube dir, ganz hier anzukommen, in diesem Raum. Du spürst den Boden unter dir und die Verbindung zur Erde. Erlaube der Liebe der Erde, dass sie dich mit all ihrer Lebenskraft umfängt und durchströmt und mit all dem versorgt, was du jetzt brauchst.
Verbinde dich nach oben mit dem Herzen Gottes, mit dem Urgrund allen Seins, und erlaube der göttlichen Liebe, dass sie dich von oben umfängt und durchströmt, liebevoll, beschützend, sodass du ganz eingebettet bist in die Liebe von Himmel und Erde.
Rufe dann Erzengel Haniel an deine Seite, den Engel der Klarheit und Wahrheit, der uns unterstützt, die Welt mit Gottes Augen zu sehen. Erlaube ihm und allen Engeln der Heilung, die jetzt hier sind, dass sie ihre Hände auf deinen Körper legen und dich ganz mit einem goldenen Licht durchfluten, das all die Heilung und Liebe in dich einfließen lässt, die du für diese innere Reise brauchst.
Und so erhöht sich deine Schwingung, und Haniel unterstützt dich jetzt, die Dinge ganz neu zu sehen, so, als würdest du mit Gottes Augen sehen, ohne von den Geschichten, Vorstellungen und Erinnerungen, die du in dir trägst, beeinflusst zu werden.

* Als Hintergrundmusik für diese Reise empfehle ich »Engelsklang – Sphärische Musik zum Entspannen und Meditieren« von Michael Reimann, Schirner Verlag 2024.

Und so berührt Haniel jetzt dein Drittes Auge und schenkt dir die Erinnerung deiner Seele, sodass du deine Eltern sehen kannst, wie sie in inniger Umarmung daliegen. Du siehst das Farbenspiel ihrer Aura in diesem Liebesakt, der deine Seele dazu gebracht hat, dich gerade bei diesen beiden Menschen zu inkarnieren. Und du kannst spüren, dass damals Liebe und Ekstase da waren … und dass dieser Tanz der Energien deiner beiden Eltern die Einladung war, die deine Seele zu beiden »Ja« sagen ließ. Haniel hilft dir jetzt, von einer höheren Warte aus zu erkennen, warum diese beiden genau die Richtigen waren, trotz der Schwierigkeiten, die du vielleicht später hattest. Und warum das, was vielleicht schwer war, wichtig war für deine Entwicklung. Du kannst die Schätze sehen, die durch dieses Miteinander entstanden sind.
Dann lasse das wieder los.

Erneut berührt Haniel dein Drittes Auge und schenkt dir das Bild deiner Mutter als junge Frau, und du kannst sie mit all ihren Träumen und Sehnsüchten sehen, du blickst wie mit Gottes Augen tief in ihr Herz hinein. Du kannst sehen, wofür es brannte und was ihr wirklich wichtig war.
Und so entfaltet sich jetzt vor deinem inneren Auge so etwas wie der rote Faden im Leben deiner Mutter, du siehst ihr Potenzial, dieses gute Erbe, das du von ihr hast, ganz gleich, ob sie dieses Potenzial vollständig in Schönheit, teilweise oder nur verzerrt leben konnte oder vielleicht sogar ganz vergessen hat. Du siehst und spürst dieses gute Erbe jetzt.

Und Haniel berührt jetzt dein Drittes Auge und dein Herz und schenkt dir die Erinnerung an den ganz besonderen

Moment, in dem deine Mutter dich – nach deiner Geburt – zum ersten Mal in ihren Armen hält und ihr beide euch begegnet, von Seele zu Seele, in tiefem Blickkontakt, und sie begreift, welches Wunder sie gerade geboren hat.

Erlaube dir jetzt, das Geschenk des Lebens von deiner Mutter ganz anzunehmen … Dann zieht sich dieses Bild wieder zurück.

Und erneut berührt Haniel dein Drittes Auge und schenkt dir das Bild deines Vaters als junger Mann. Du kannst ihn mit all seinen Träumen und Sehnsüchten sehen, blickst wie mit Gottes Augen tief in sein Herz hinein und erkennst, wofür es brannte und was ihm wirklich wichtig war.
Und so entfaltet sich jetzt vor deinem inneren Auge so etwas wie der rote Faden im Leben deines Vaters, und du siehst sein gutes Potenzial, ganz gleich, ob er dieses Potenzial vollständig in Schönheit, teilweise oder nur verzerrt leben konnte oder vielleicht sogar ganz vergessen hat. Du siehst und spürst dieses gute Erbe jetzt.

Und wieder berührt Haniel dein Drittes Auge und dein Herz und schenkt dir die Erinnerung an den ganz besonderen Moment, in dem dein Vater dich – nach deiner Geburt – zum ersten Mal in seinen Armen hält, und ihr beide euch begegnet, von Seele zu Seele, in tiefem Augenkontakt, und er begreift, welches Wunder er gezeugt hat, das aus der Liebe zu deiner Mutter entstanden ist.
Nimm auch von ihm das Geschenk des Lebens ganz an …
Und dann lasse auch das wieder los …

Noch einmal berührt Haniel dein Drittes Auge, und du schaust auf dich und siehst dich so, wie Gott dich sieht.
Du erkennst, wie der rote Faden aus dem Leben deiner Mutter und der aus dem Leben deines Vaters in dir zusammenfließen zu etwas ganz Neuem und einzigartig Kostbarem, was *dich* ausmacht.
Und so entfaltet sich jetzt vor dir ein Weg aus Licht, und auf diesem Weg vor dir erscheint ein leuchtendes Symbol, das für dein höchstes Seelenpotenzial steht. Haniel hilft dir jetzt, zu verstehen, was dieses Symbol bedeutet.
Spüre und erlebe, wie dieses Lichtsymbol sich auf dich zubewegt, um ganz auf deine Art und in deiner Zeit wieder eins mit dir zu werden …
Erlaube, dass diese gute Kraft deines höchsten Potenzials sich in dir ausdehnt, mit jedem Atemzug mehr Raum in dir bekommt, ganz so, wie es sich für dich richtig anfühlt.

Spüre noch einmal den Segen deiner Eltern für dich und deinen Weg, den Segen ihrer Seelen, dass du wirklich so werden kannst, wie Gott dich gemeint hat, unabhängig von ihren persönlichen Erwartungen und Wünschen.
Und jetzt fließt der Segen wie ein funkelnder Lichtregen von Himmel und Erde in dich hinein, sodass du ganz *du* sein kannst und sodass das, was du zu verschenken hast, die Welt schöner machen kann.

Öffne dein Herz so, als würdest du ein Tor öffnen, und erlaube der Kraft dieses Lichtsymbols, das für dein höchstes Potenzial steht, dass sie in die Welt hinausstrahlt.
Berühre mit diesem Licht all die Menschen, die dir wichtig sind, ganz in dem Wissen, dass du die Schönheit deines

Herzens teilst, mit denen, die du liebst, und darüber hinaus mit der ganzen Schöpfung.

Dann hole dich ganz sanft zurück in den Raum, wo dein Körper ruht. Du kannst beginnen, etwas tiefer ein- und auszuatmen, um dich wieder ganz zurückzuholen. Und wenn du gleich deine Augen öffnest, bist du ganz wach und frisch.

Diese Reise gibt es auch als geführte Meditation auf der CD »Frieden mit den Ahnen«.*

---

* Shantidevi: »Frieden mit den Ahnen. Zwei heilende Reisen der Versöhnung«. Shantidevi Verlag, Pfungstadt, 2013.

Die Rolle der Familie

In unserer Familie finden wir alle Themen, die zu uns gehören, die Lichtseiten genauso wie die Schattenseiten. Khalil Gibran schrieb einmal sehr treffend über die Rolle von Vater und Mutter, dass Eltern wie ein guter Bogen sein sollten, mit dem der Schöpfer seine geliebten Pfeile in die Welt schickt. Was unser besonderes Potenzial angeht, so sind die Dinge, die uns Freude machen und unser Herz zum Singen bringen, oft Hinweise dafür, was unsere besonderen Begabungen sind. Vieles davon wird in unserer Familie gefördert und ist oft ganz natürlich vorhanden.
Selbstverständlich finden wir in unserer Familie auch alle Muster, die in uns und in der Sippe noch Heilung suchen, und alle Themen, an denen wir wachsen und aus denen wir lernen sollen. Wenn wir Fähigkeiten erst noch entwickeln wollen (weil das bisher nicht möglich war), erschafft unsere Seele häufig Situationen, in denen wir genau das Gegenteil von dem erfahren, was wir lernen wollen. Wir erfahren Schwäche, wenn wir Stärke entwickeln wollen. Der Schmerz bringt uns auf den Weg, die Dinge zu ändern. Wir erfahren Krieg und Streit, wenn wir Frieden suchen, sodass wir den Frieden wirklich schätzen können. Wir erleben Bewertung, Beschämung und vielleicht auch Demütigung, wenn wir unsere Würde und unseren Wert wiederfinden wollen.

Vor Jahren wurde mir, Shantidevi, einmal in einer Meditation klar, dass das ungelebte Potenzial der Ahnen wie ein Stausee voller aufgestauter Energie ist. Irgendwann ist der See randvoll, und ein frischer Wind treibt eine Welle über den Rand, die sich fruchtbar und Leben spendend auf neues

Land ergießt. So sind wir die, die das Unvollendete vollenden. Wir leben heute in einer Zeit großer Gnade. Es geht für uns nicht mehr nur ums Überleben wie für viele unserer Vorfahren. Wir haben Zeit und Muße, uns mit persönlichem Wachstum zu beschäftigen, neue Wege zu suchen und zu finden. Damit heilen wir uns und unsere Familie. *Denn alles, was in uns heilt, wirkt immer auch heilend auf das Kollektiv der Menschheit, und alles, was im großen Ganzen heilt, hat direkte Auswirkungen auf uns.*

IMPULS

Auch unser Name ist wichtig. Er ist wie das Leben ein Geschenk unserer Eltern. Nomen est omen. Die Bedeutung unseres Namens kann uns Hinweise auf unser Wesen und unsere Lernerfahrungen geben.

In manchen Familien tragen Familienmitglieder seit Generationen immer wieder denselben Vornamen, z. B. folgt eine Maria der nächsten. Dies kann ein Hinweis sein, dass wir mit dem Erbe dieser namensgleichen Vorfahren tief verbunden sind, mit ihren Talenten und Gaben genauso wie mit ihren unerlösten Schattenthemen. Oft sind solche wiederholten Namensträger auch Erlöser für ihre Namenslinien.

Recherchiere einmal selbst, was dein Name bedeutet und wie weit er gegebenenfalls in deiner Ahnenlinie zurückreicht.

Die Wiederkehr des Verdrängten

Wir alle kennen das: Es gibt Dinge, die uns bewusst sind. Dazu gehört alles, was wir schätzen und lieben, mit dem wir weitestgehend im Frieden sind oder mit dem wir uns – obwohl es für uns vielleicht schwer war – auseinandergesetzt haben, und dann ist es irgendwann gut. Aber dann gibt es auch die Schattenseiten in uns, das, was wir an uns ablehnen, was verdrängt, unterdrückt wird, weil es zu viel ist, und das, was wir nicht wahrhaben wollen. Aber unglücklicherweise verschwindet all das Ungeliebte nicht, im Gegenteil, es hat die Tendenz, immer wieder aufzutauchen. Wenn wir z. B. eine nicht verheilte Wunde haben, weil wir einmal verlassen wurden, ziehen wir immer wieder Menschen in unser Leben, die uns verlassen und diese alte Wunde berühren. Das tut weh, gibt uns aber die Chance, sie zu heilen.

Das Leben zeigt uns das Ungeliebte, Verdrängte als Spiegel im Außen. Wir erleben es wieder in bestimmten – zugegeben nicht immer angenehmen – Situationen, die wie Erinnerer wirken. Lange haben wir solche Schatten im Außen bekämpft, abgelehnt, bewertet und damit die Chance der Heilung nicht wahrnehmen können. Wir sind jetzt aufgerufen, unsere verdrängten und nach außen projizierten Anteile wieder zu uns zurückzunehmen, in unser Herz zu holen und zu fühlen.

So, wie wir Ungeliebtes im persönlichen Leben verdrängen, gibt es diese Verdrängungsmuster natürlich auch in Familien: Das Sippen-Unbewusste. Dort finden sich all die Situationen, die zu schmerzhaft waren, um gefühlt, durchlitten, betrauert und verarbeitet zu werden. Besonders in

Deutschland finden sich in fast jeder Familie Mitglieder, die in den beiden letzten Weltkriegen Schreckliches erlebt haben: Kriegs-Traumatisierungen, Todesangst, Trennungen, den Verlust geliebter Menschen, Vertreibung, Flucht, Vergewaltigungen, Schuld im Nazi-Regime, Erstarrung durch zu viel Schreckliches.

Im Verdrängten der Sippe finden wir all die Lasten, die von Generation zu Generation weitergegeben wurden, dazu gehört z. B. auch der nie gelebte Schmerz über früh verstorbene Familienmitglieder, einschließlich ungeborener Kinder, Fehlgeburten, Abtreibungen, Totgeburten usw.

Wenn z. B. eine Mutter ein Kind verliert und sie es nicht genügend betrauern kann, erstarrt meist ein Teil in ihr, und sie kann den lebenden Kindern und ihrem Mann oft nicht mehr genug Liebe geben. Das ist zutiefst tragisch.

Ich, Shantidevi, sehe das immer wieder in der systemischen Familienarbeit. Hier wird oft deutlich, wie durch die Kriege ganze Generationen erstarrt sind und zutiefst traumatisiert wurden, sodass der Fluss der Liebe unterbrochen wurde. Das Überleben und der Aufbau nach der totalen Zerstörung waren wichtig, die Gefühle blieben dabei aber auf der Strecke.

Die gute Nachricht ist jedoch, dass auch vergessene Potenziale und Begabungen wieder auftauchen, auch wenn sie lange verdrängt waren und über Generationen nicht gelebt werden konnten. So kann es sein, dass es in einer »unmusikalischen« Familie plötzlich ein musikalisch hochbegabtes Kind gibt oder naturwissenschaftliche oder kreative Fähigkeiten auftauchen, die lange verschüttet waren.

Auswirkungen nicht geehrter Familienmitglieder – Familiengeheimnisse

Alles Verdrängte hat die Tendenz, wieder aufzutauchen, entweder als Spiegel im Außen, d. h. als Thema, das von außen wieder in Familien hineingetragen wird, oder als unbewusste Wiederholung in den nachfolgenden Generationen. Damit das Alte heilen kann, muss es thematisch noch einmal auftauchen, gesehen und gefühlt werden, oder vielleicht muss ein Bezug zur Vergangenheit hergestellt werden, damit auch dort Frieden einkehrt.

Ein ganz häufiges Beispiel ist die unterdrückte Wut der Ehepartner nach Trennungen. Oft greift ein Kind unbewusst auf, was ein oder beide Elternteile nicht fühlen wollen, und agiert es aus. Es zeigt deutlich: Hier gibt es Konflikte in der Familie, ihr könnt hier nicht wegschauen. Wenn die Eltern dann ihre Themen aufarbeiten, kann sich die Situation bei den Kindern oft wieder völlig entspannen.

Aber die verdrängten Themen der Eltern zeigen sich nicht nur bei ihren Kindern, sie wirken oft über viele Generationen weiter. Viele Menschen, deren Vorfahren aus ihrer Heimat vertrieben wurden, tun sich oft schwer, ihren Platz im Leben zu finden. Irgendetwas in ihnen irrt weiterhin umher – als sei es auf der Flucht. In vielen Familien wirken sich noch die nicht beweinten Toten aus den letzten Kriegen aus. Das ganze Volk war quasi im Schockzustand und konnte oft gar nicht trauern.

Eine unserer größten Wunden ist, dass wir so, wie wir sind – mit all dem, was wir erfahren haben –, nicht gesehen, geehrt und geachtet wurden. Deshalb ist dieses Gesehenwerden ein zutiefst heilendes Geschenk, das wir unseren Ahnen machen können, damit sie Frieden finden können. Es geht darum, liebevoll anzuerkennen, was war und was ist.

Wie sich das Verdrängte in einer Familie über Generationen wieder zeigt, möchte ich an einem Beispiel verdeutlichen: Vor einigen Jahren habe ich mit einer Familie gearbeitet, die eine Auffälligkeit im Stammbaum hatte. Auffällig war, dass diese Sippe nur wenige direkte Nachkommen hatte und sich Adoptionen und das Aufziehen von Pflegekindern häuften. Es stellte sich heraus, dass um das Jahr 1900 eine junge Frau in dieser Familie ein uneheliches Kind zur Welt gebracht hatte. Da dies in dieser Zeit als große Schande galt, bestand die Familie darauf, das Kind zur Adoption freizugeben. Die Nachkommen haben also unbewusst die Schuld ausgeglichen, die im Jahr 1900 durch das Weggeben des Kindes entstanden und verdrängt worden war.

ÜBUNG:

Heilkreise für die Ahnen

Heilkreise sind eine wunderbare Möglichkeit, alte Wunden in Familiensystemen zu befrieden und zu heilen. Dazu braucht es einige gleichgesinnte Menschen (wunderbar ist es, wenn man Heilkreise mit Familienmitgliedern bilden kann), eine klare Ausrichtung auf die göttliche Liebe und die Bereitschaft, das, was war, zu ehren und zu achten, und das, was noch nicht verheilt ist, zu benennen und in Liebe zu berühren. Manchmal spüren wir dabei auch noch einmal die verdrängten Gefühle der Ahnen. Wichtig ist, mit unserem Bewusstsein so klar wie möglich im Hier und Jetzt und im Herzen zu sein, zu atmen und sich nicht in die Gefühle hineinzusteigern. Wir sind liebende Zeugen vom schweren Schicksal unserer Ahnen. Deshalb ist es gut, im Kreis zu stehen, sich an den Händen zu halten und klar in der Ausrichtung zu bleiben. Es ist empfehlenswert, einen Ritualleiter zu haben, der die Energien benennt und lenkt.

Bei einem solchen Ritual ist es wichtig, *sich nur auf das zu konzentrieren, was jetzt in diesem Moment Heilung finden möchte und wozu man auch die Kraft hat,* nicht mehr und nicht weniger.

Ich habe immer wieder – je nachdem, um wen es dabei ging – die immense Kraft von Gebeten, Mantren oder sakralen Liedern erlebt, z. B. Dona nobis pacem, Kyrie eleison oder das Guru-Rinpoche-Mantra (Om Ah Hung Benza Guru Pema Siddhi Hung) – laut Dalai Lama das stärkste Reinigungsmantra aus dem tibetischen Buddhismus.

Viele der Ahnen, die noch keinen Frieden finden konnten, sind nach ihrem Tod nicht ins Licht gegangen, sondern erdgebunden geblieben. Deshalb laden wir am Ende des Heilkreises all die verstorbenen Ahnen ein – und nur die –, deren Wunsch und Bestimmung es ist, jetzt ins Licht zu gehen, mit den Engeln der Heimkehr in die große Liebe nach Hause zu gehen. Alle anderen geben wir in die Hand Gottes und in die liebenden Arme der Heilungsengel.

Ablauf

Lasst eine schöne Hintergrundmusik laufen.
Stellt euch im Kreis auf, und haltet euch an den Händen.
Zentriert euch im Herzen.
Verbindet euch nach unten mit dem Herzen der Erde, und atmet die Kraft der Erde in euch ein, sodass ihr fest verwurzelt seid im Hier und Jetzt.
Verbindet euch nach oben mit dem Herzen Gottes, und spürt, wie das Licht der Liebe euch ganz einhüllt.
Spürt, dass ihr jetzt klar ausgerichtet seid auf die Liebe von Himmel und Erde.
Ruft eure Schutzengel und geistigen Führer hinter euch, damit sie euren Lichtkanal stärken, sodass ihr ein klarer Ausdruck für Liebe und Mitgefühl sein könnt.

Ruft den Strahl der Gnade, das göttliche Erbarmen, die Christuskraft (oder wie immer ihr die göttliche Liebe benennt), die Engel der Heilung und alle lichtvollen Ahnen zu euch, und bittet alle um Unterstützung, damit die alte Wunde in eurem Familiensystem heilen kann. Benennt hier ein Thema, das jetzt aktuell ist (z. B. die unerlöste Trauer über den im Krieg gefallenen Bruder der Großmutter oder

die verlorenen, ungeborenen *oder* früh verstorbenen Kinder der Ahnen, von denen ihr wisst).
Lasst eure Liebe und euer Mitgefühl fließen (manchmal können euch dabei auch ein paar Tränen kommen).
Wenn die Ahnen religiös waren, kann es helfen, ein Gebet zu sprechen wie das »Vaterunser« oder das »Gegrüßet seist du, Maria« oder »Der Herr ist mein Hirte«.
Wenn es sich gut anfühlt, tönt oder singt ein Lied, bis ihr den Frieden spürt.
Ehrt und achtet das Schicksal der Ahnen, so, wie es war.
Verneigt euch vor der Größe ihrer Seelen mit der Grußformel »Namaste« und sagt ihnen: »Das Göttliche in uns sieht und grüßt das Göttliche in euch, das, was unverletzlich und unzerstörbar ist.«
Stellt euch vor, ihr gebt alle Ahnen jetzt ganz in Gottes Hand und in die Arme der Heilungsengel.
Lasst eure Liebe und euer Mitgefühl weiter fließen, bis ihr Frieden spürt.
Ruft dann die ELOHIM vom goldenen Strahl, die Engel der Heimkehr, mit einer goldenen Lichtsäule in eure Mitte.
Ladet all die verstorbenen Ahnen ein, die durch diesen Heilkreis Frieden finden konnten und deren Wunsch und Bestimmung es ist, jetzt ins Licht zu gehen, nach den Lichthänden der Engel zu schauen, sie zu ergreifen und nach Hause ins Licht zu gehen. Bittet sie, all ihre Energien mitzunehmen und diese Dimension zu verlassen.
Hebt sie mit eurer Liebe ins Licht. Wünscht ihnen eine gute Reise nach Hause, und sagt ihnen noch einmal, dass die Liebe zwischen ihren und euren Seelen bleibt.
Spürt, wie sich das Feld löst und immer lichtvoller und strahlender wird, bis im Raum Frieden herrscht und er wieder ganz klar ist.

RITUAL:

Großes Loslass- und Heilungsritual

Einleitung

Für dieses besondere Ritual brauchst du Zeit und einen Raum, in dem du dich sicher und geborgen fühlst und nicht gestört wirst. Es ist oft hilfreich, das Ritual in einer Gruppe durchzuführen, weil du dadurch im Prozess unterstützt wirst und sich die Energie verstärkt. Bei mehreren Teilnehmern ist es gut, wenn jemand den Prozess anleitet und eventuell auch den anderen dabei hilft, geerdet und im Hier und Jetzt zu bleiben. Eine sanfte, ruhige Musik im Hintergrund kann hilfreich sein. Vielleicht brauchst du auch einige Taschentücher.

Die Absicht dieses Rituals ist es, Frieden mit unseren Eltern und Ahnen sowie mit unseren eigenen Gefühlen und unserer Geschichte zu schließen. Wenn du die Tendenz hast, sehr emotional zu reagieren, solltest du dieses Ritual nicht allein durchführen. Zu Beginn geht es darum, deine eigenen zurückgehaltenen Gefühle zu spüren, auszudrücken und dich selbst und deine Bedürfnisse ernst zu nehmen. Wir können nur heilen, was wir auch fühlen. Achte jedoch darauf, dass du die Gefühle fühlst, dich aber nicht in sie hineinsteigerst. Wenn wir – ohne *uns* selbst ernst genommen zu haben – sofort ein tiefes Verständnis für die Ahnen entwickeln, ist dies wie ein »spiritueller Bypass«, und *unsere* Wunden und Defizite können nicht in der Tiefe heilen.

Manchmal tauchen nicht nur Entbehrungen und Trauer auf, sondern auch Wut und Trotz. Wut ist jedoch immer auch ein Ersatzgefühl für nicht erfüllte Bedürfnisse. Wenn du also in der Wut landest, fühle sie kurz, und gehe dann tiefer. Fühle den Schmerz dahinter, vor dem dich deine Wut auch geschützt hat, und drücke ihn aus. Achte darauf, dass ein Teil von dir immer noch präsent im Hier und Jetzt ist und dass du dich nicht in den Gefühlen verlierst. Dazu ist es hilfreich, immer wieder zu spüren, wo in deinem Körper die Gefühle sitzen, die Füße zu spüren und die Augen offen zu lassen.

Eine der allertiefsten heilenden Erfahrungen ist es, wenn endlich alles, was war – egal, ob gut oder schwer –, liebevoll betrachtet, geehrt und geachtet wird. Dies gilt für uns selbst, für all das, was wir glauben, verstecken zu müssen, genauso wie für unsere Ahnen.

In dem Wissen, dass jeder immer sein Bestes tut und getan hat und auf seine Art verstrickt war, wird dann die Möglichkeit bestehen, das Leben unserer Ahnen und ihr oft schweres Schicksal zu ehren und zu achten.

Wir geben Lasten zurück, die wir aus unbewusster Liebe für sie getragen haben, und rufen unsere Energien, die wir ihnen im Gegenzug überlassen haben, zu uns zurück. Wir werden das Innere Kind, das möglicherweise in Teilaspekten immer noch vor unseren Eltern sitzt und hofft, das von ihnen zu bekommen, was es so vermisst hat, zu uns holen und die Verantwortung für unsere Heilung jetzt selbst übernehmen. Dadurch entsteht Freiheit für beide Seiten. Wir hören auf, von den Eltern etwas zu erwarten, was sie durch ihr Schicksal vielleicht selbst nie erfahren haben und nicht geben können, und machen uns bereit, unsere Unterstützung dort zu suchen, wo die Liebe so fließt, sodass sie uns nährt.

Lasse dir für die einzelnen Schritte des Rituals genügend Zeit, und gib dir danach Raum für dich. Stelle sicher, dass du nicht unter Zeitdruck gerätst und anschließend keine wichtigen Verpflichtungen hast.

Vorbereitung

Der Raum

Dieses Ritual ist ein Akt der Liebe für dich selbst und deine Vorfahren. Gestalte den Raum so, dass er diesem Anlass entspricht. Vielleicht magst du ihn mit Blumen schmücken. Wenn du möchtest, entzünde einige Kerzen als Symbol für das Licht, das jedem von uns innewohnt – und für die lichtvollen Ahnen und die Helfer aus der Geistigen Welt, die immer bei uns sind. Du kannst einen schönen Duft versprühen (z.B. Rosenwasser, Aura-Soma-Raumspray, Lichtwesen-Essenzen) oder räuchern.

Dein Platz

Gestalte den Raum so, dass du einen Platz hast, wo du bequem sitzen, aber auch stehen kannst, wenn dir danach ist. Wenn wir Altes loslassen, will der Körper sich oft etwas bewegen, sich vielleicht schütteln. Stelle sicher, dass du dafür genügend Raum hast.

Der Platz für die Eltern und Ahnen

Gestalte in einem guten Abstand dir gegenüber einen Platz für deine Eltern und deine weiteren Ahnen dahinter. Vielleicht magst du einen oder zwei Stühle dorthin stellen, ein Foto deiner Eltern oder ein Symbol, das du mit ihnen verbindest.

Inneres Kind

Du brauchst ein Symbol für deine kindlichen Anteile, die immer noch sehnsuchtsvoll darauf warten, das zu bekommen, was du vermisst hast. Folge dabei einfach deiner Intuition. Lege dieses Symbol auf den oder zu dem Platz der Eltern.

Das Feuer der Transformation zwischen euch

Für den Raum zwischen euch benötigst du einen Feuertopf oder eine Kerze. Ich finde eine violette Kerze besonders hilfreich, da ich bei diesem Ritual immer mit dem Violetten Feuer der Transformation von Meister Saint Germain arbeite. Dieses Feuer ist ein großes Geschenk aus der Geistigen Welt. Es verwandelt alles, was durch es hindurchgeht, in reine Energie, sodass auch Lasten, die wir loslassen werden, nicht als Bürde bei unseren Eltern und Ahnen ankommen, sondern als reine geklärte Energie. Bitte entzünde die Kerze/das Feuer vor Beginn des Rituals.

Musik

Lege dir Musik zurecht: Wenn du magst, wähle für das Ritual selbst etwas eher Ruhiges ohne Text und zum Abschluss eine sanfte Musik, die dein Herz berührt und zu der du dich noch etwas bewegen kannst, um das Neue zu begrüßen und den Prozess zu integrieren. Besonders wenn wir mit Gefühlen in Kontakt waren, ist die Integration wichtig. Nimm dir dafür genügend Zeit.

Das Ritual

Einstimmung

Nachdem du den Raum für das Ritual gestaltet hast, mache es dir auf deinem Platz bequem. Spüre den Boden, der dich trägt, und öffne dich für den heiligen Raum in dir, der Rituale kennt. Erinnere dich, dass in einem Ritual Zeit und Raum ohne Bedeutung sind und du an den heilenden Strom und den Segen ähnlicher Rituale vor dir angeschlossen bist.

Aufbau des Lichttempels

Bitte die Geistige Welt, jetzt in deinem Raum einen Tempel aus Licht zu errichten, funkelnd, strahlend, leuchtend, hell, zwischen den Welten und jenseits der Zeit. Rufe all die Wesen aus dem höchsten Licht, die dir wichtig sind, als Unterstützung und Segen dazu (z. B. den Strahl der Gnade, das göttliche Erbarmen, die erlösende Kraft der Liebe, die Christusenergie, Aufgestiegene Meister, die Erzengel und alle Engel der Heilung, die es jetzt braucht). Lade auch deine längst erlösten lichtvollen Ahnen ein, dieses Heilungsritual zu segnen und zu unterstützen. Warte einen Moment, bis du die liebevolle, lichtvolle Energie spüren kannst.

Die Eltern und Ahnen rufen

Lade jetzt deine Eltern und deine weiteren Ahnen energetisch ein, in diesen Lichttempel zu kommen und auf dem *Platz der Eltern* und dahinter ihren Platz einzunehmen. Lade ebenfalls ihre geistige Führung als liebende Unterstützung für sie ein. Sage deinen Eltern und Ahnen, dass dies ein Ritual der Heilung für euch alle ist, damit wieder Frieden entsteht und die Liebe wieder ins Fließen kommen kann.

Die Gefühle ausdrücken

Nimm jetzt deine Eltern wahr, die auf dem Platz dir gegenüber sitzen (vielleicht auch noch dahinter deine Großeltern und die Ahnen, die du gekannt hast).

Erlaube dir jetzt, deine Gefühle, die du noch nie ausdrücken konntest, auszusprechen. Das hat viel mehr Kraft, als wenn du die Worte nur denkst. Nimm dir für jede der nachfolgenden Fragen ein paar Minuten Zeit.

Sprich deine Eltern dabei direkt an, z. B.: »*Liebe Mama, ich habe mich als Kind oft so einsam gefühlt.*« Benenne deine Gefühle, und fühle sie in deinem Körper. Widerstehe der Versuchung, deine schmerzhafte Geschichte aus einer rationalen Sichtweise zu beurteilen. Lasse die Gefühle zu. Sei ehrlich und authentisch. Nimm deine Gefühle und deine Bedürfnisse ernst.

Wie hast du dich als Kind mit deinen Eltern gefühlt?
Was hat dir wehgetan?
Was hast du vermisst?
Was hättest du gebraucht und dir gewünscht?
Wonach hast du dich gesehnt?
Wofür bis du dankbar?

Mitgefühl für die Eltern und Ahnen, ihr Schicksal ehren

Nachdem du soeben mitfühlend mit dir selbst warst, erlaube dir, dein Mitgefühl auf deine Eltern und Ahnen auszudehnen. Erinnere dich, dass Eltern immer ihr Bestes geben,

und dass sie auf ihre Art verstrickt waren. Erinnere dich, dass es in deiner Familie vielleicht sehr schwere Schicksalsschläge aufgrund von Krieg, Vertreibung und Tod gab und die Menschen erstarrt sind, sodass sie vielleicht nur noch funktionierten und ihre Liebe nicht mehr zeigen und ausdrücken konnten. Öffne dein Herz für ihr schweres Schicksal und ihre Verstrickungen.
Wenn du kannst, verneige dich vor ihnen und ihrem Schicksal, und ehre ihr Leben, so, wie es war.

Alles Übernommene, was dir nicht mehr dient, loslassen
Bei diesem Teil des Rituals erleben es viele Menschen als hilfreich, wenn sie stehen und dabei ihren Körper bewegen können. Bitte die Geistige Welt, dich bei dieser Transformation zu unterstützen. Sieh das Violette Feuer zwischen dir und deinen Eltern und Ahnen. Jetzt geht es darum, alles Übernommene, was nicht (mehr) zu dir gehört, durch das Feuer der Transformation zurückzugeben. Erinnere dich, dass alles, was durch dieses Feuer geht, gereinigt und geheilt wird und auf der anderen Seite als reine Energie ankommt.
Sprich aus:
»Ich lasse alles los, was ich bewusst oder unbewusst von euch übernommen habe, gebe es in das Violette Feuer der Transformation, sodass es als reine Energie zu euch zurückkommt und ihr wieder ganz werdet. Und ich tue das durch Raum und Zeit, durch alle Dimensionen und alle Inkarnationen.«

Atme sanft und tief, und lasse es geschehen. Benenne dann alles, was dir bewusst ist, was du mitgetragen oder übernommen hast an Gefühlen, Lasten, Mustern und Glaubenssätzen. Sprich alles laut aus. Wenn du das Ritual in einer

Gruppe durchführst, helfen dir die Sätze der anderen oft, ähnliche Muster in dir zu benennen und loszulassen. Oft wirkt es unterstützend, die übernommene Energie mit den Händen aus deinem Feld ins Feuer zu schieben, z. B.:
»Ich lasse von dir, Mama, die tiefe Trauer los, die ich mitgetragen habe. Ich lasse die seit Generationen wirkende Männerverachtung los. Ich lasse den Glaubenssatz los, dass Männer wertvoller sind als Frauen usw.«

Gib dann alle Projektionen zurück, die du übernommen hast und die in dir zu Glaubenssätzen geworden sind, z. B.: *»Aus dir wird nie etwas, du bist nicht gut genug, deine Schwester ist einfach intelligenter, Frauen müssen Männern dienen …«*

Verantwortung zurückgeben
Gib dann alle Verantwortung zurück, die du möglicherweise für deine Eltern oder Ahnen übernommen und getragen hast. Atme sie durch das Violette Feuer dorthin zurück, wohin sie gehört, damit deine Ahnen wieder ganz werden und wieder in ihre eigene Kraft kommen.

Das verletzte und bedürftige Kind zu dir zurückholen
Wenn du spürst oder vermutest, dass da immer noch Anteile in dir sind, die sich zutiefst wünschen, von deinen Eltern das zu bekommen, was du in deiner Kindheit vermisst hast, mache dich jetzt auf den Weg zum Platz der Eltern und Ahnen. Sage ihnen noch einmal, dass du anerkennst, dass sie ihr Bestmögliches gegeben haben, und dass du jetzt dein bedürftiges Inneres Kind zu dir nimmst. Sage ihnen:
»Liebe Eltern, ich übernehme jetzt die Verantwortung für die Heilung meiner alten Wunden.«

Nimm das Symbol für dein Inneres Kind zu dir, und gehe zurück auf deinen Platz. Wenn du magst, sprich mit deinem Inneren Kind. Sage ihm, dass du es jetzt zu dir holst und alles tun wirst, damit seine alten Wunden heilen. Sage ihm, dass es in deinem Herzen, dem Ort der Liebe, gesunden und wachsen kann und dass es ein unendlich kostbares einzigartiges Kind ist, ganz egal, was die Eltern ihm gesagt haben. Lasse dein Herz die richtigen Worte dafür finden. Keiner weiß so gut wie du, was dieses kleine Wesen hören muss, denn du bist aus ihm hervorgegangen.

Rückruf all deiner Energien und der Verantwortung für dich selbst

Rufe jetzt all deine Energien zurück zu dir:
»Ich rufe jetzt alle Energien, die ich euch bewusst oder unbewusst von meiner Seelenenergie überlassen habe, aus welchen Gründen auch immer, durch das reinigende Feuer der Transformation zurück zu mir. Und ich tue dies durch Raum und Zeit, durch alle Dimensionen, alle Inkarnationen. Ich rufe insbesondere alle Talente und Eigenschaften zu mir zurück, die ich aus falsch verstandener Liebe scheinbar aufgegeben habe. Und ich rufe die Verantwortung für mein eigenes Leben wieder zu mir zurück und nehme sie an.«

Atme deine Energie und Lebenskraft ganz sanft wieder ein, und verteile sie mit dem Ausatmen in deinem Körper. Spüre im Körper nach, wie sich das anfühlt, wenn du wieder ganz und vollständig wirst.
Bitte deinen Schutzengel und deine geistige Führung, dass sie diesen Prozess unterstützen und dich wieder mit allen Aspekten und Qualitäten deiner Seele verbinden: Liebe,

Selbstliebe, Selbstvertrauen, Vertrauen ins Leben, Kraft, Leichtigkeit, Freude, Selbstbestimmung, dem Recht und der Fähigkeit, Grenzen zu setzen, deine eigenen Bedürfnisse zu fühlen und für sie einzutreten usw.

Sage deinen Eltern und Ahnen zum Abschluss:
»Ich gebe euch frei, und ich gebe mich jetzt ganz frei von den Lasten der Vergangenheit.«

Die Loyalität zum Leiden beenden
Erinnere dich, dass Eltern – wenn sie nicht gerade völlig verstrickt sind – ihren Kindern stets das Beste wünschen. Und doch sind wir alle lange Zeit in tiefer Loyalität mit dem schweren und unerlösten Schicksal unserer Ahnen verbunden. Erlaube dir jetzt, die Loyalität zu ihrem Leiden zu beenden.
Drücke deine Sehnsucht nach Würde, Selbstbestimmung und Erfüllung aus. Sage deinen Ahnen, wonach du dich sehnst und was du in deinem Leben anders machen möchtest. Berühre mit deinem Mitgefühl die in deinen Eltern und Ahnen unterdrückte Sehnsucht nach höchster Erfüllung.

Sprich:
»Liebe Eltern, liebe Ahnen, ich beende jetzt meine Loyalität zu eurem Leiden und zur Wiederholung der Dinge, die für uns schwer waren. Und ich verbinde mich zutiefst loyal mit eurer Sehnsucht nach eurem Wert, eurer Würde, eurer Selbstbestimmung und einem erfüllten Leben. Das, was ich – gemäß dem Ruf meines Herzens – heute anders mache als ihr, tue ich auch für alle meine Nachkommen und Verwandten.«

Die Geistige Welt um Heilung für die Ahnen bitten, deine Liebe fließen lassen

Bitte jetzt einen Engel der Heilung und der Gnade zu jedem einzelnen deiner Ahnen, der noch Heilung braucht, bei den Lebenden und den Toten. Sieh, wie sie eingehüllt werden in das göttliche Licht der bedingungslosen heilenden Liebe und ihre ungeheilten Wunden versorgt werden. Bitte die lichtvollen Ahnen dazu, damit sie mit ihrer Liebe diesen Prozess unterstützen. Lasse auch deine Liebe und dein Mitgefühl fließen. Wenn du magst, begleite diesen Prozess mit einem Gebet für die Heilung deiner Ahnen.

Deine Schätze teilen

Wenn es sich für dich gut anfühlt, kannst du jetzt mit deinen Ahnen all die Schätze teilen, die du auf deinem Weg der Heilung und Bewusstwerdung gefunden hast. Stelle dir vor, dass diese Schätze wie eine Lichtquelle oder Lichtkugel in dir sind, die zu deinen Ahnen hin strahlt, damit auch sie sich daran erinnern können.

Sage ihnen:

»Ohne euch gäbe es mich nicht. Danke für das Geschenk des Lebens. Ich teile jetzt mit euch die Schätze, die ich auf meinem Weg gefunden habe und die Teil unseres gemeinsamen Erbes sind. Sie waren nie verloren, nur vergessen und verborgen.«

Atme sanft, und lasse deine Liebe fließen.

Segen

Bitte deine Eltern und Ahnen um ihren Segen für dich und dein Leben. Spüre und erlebe, wie du diesen Segen bekommst. Und sende auch du deinen Segen in die Ahnenrei-

hen. Überall dorthin, wo der Segen noch nicht fließt, bittest du die Engel hinzugehen, damit auch dort Heilung einströmen kann.
Lasse dann los, sodass du immer mehr der Mensch sein kannst, den Gott sich erträumt hat.

Segen weitergeben an deine Kinder und in die nächste Generation
Gib den Segen mit deiner ganzen Liebe weiter an deine Kinder und Kindeskinder und an all die in deiner Sippe, die nach dir kommen.

Eltern und Ahnen in Gottes Hand geben
Gib dann ganz bewusst deine Eltern und Ahnen in Gottes Hand. Dort ist der beste Platz, damit all das noch heilen kann, was noch Heilung braucht, bei den Lebenden und den Toten. Besonders wenn du als Kind früh gelernt hast, Verantwortung für Erwachsene zu übernehmen, ist das ein ganz wichtiger Schritt, der dich zutiefst entlasten kann. Du kannst gern die lichtvollen, längst erlösten Ahnen dazu bitten, damit sie die Heilung der Familie unterstützen.

Die Verstorbenen ins Licht begleiten
Verneige dich noch einmal mit dem Namaste-Gruß vor der Seelengröße deiner Ahnen, und sage ihnen:
»Das Göttliche in mir sieht und grüßt das Göttliche in euch, das, was unverletzlich und unzerstörbar ist.«
Lasse deine Liebe und dein Mitgefühl so lange weiter fließen, bis du im Raum Frieden spürst. Rufe dann die ELOHIM vom goldenen Strahl, die Engel der Heimkehr, mit

einer goldenen Lichtsäule zu deinen Ahnen. Lade all die versammelten verstorbenen Ahnen ein, die durch dieses Ritual Frieden finden konnten und deren Wunsch und Bestimmung es ist, jetzt ins Licht zu gehen, nach den Lichthänden der Engel zu schauen, sie zu ergreifen und nach Hause ins Licht zu gehen. Bitte sie, all ihre Energien mitzunehmen und diese Dimension zu verlassen.
Bitte die lichtvollen Ahnen um Unterstützung, sie nach Hause – in die große Liebe – zu holen, und spüre, wie sich das Feld löst und immer lichtvoller und strahlender wird, bis der Raum friedvoll und ganz klar ist.

Energie der Lebenden bitten, sich zurückzuziehen
Bitte die Energie all der noch lebenden Ahnen, die du gerufen hast oder die sich zu diesem Ritual gerufen fühlten, sich dorthin zurückzuziehen, wo ihr Leben gerade stattfindet. Danke ihnen für ihr Dasein.

Dank an die Geistige Welt
Bedanke dich auf deine Art bei all den lichtvollen Helfern, die dich unterstützt haben, und bitte den Tempel aus Licht, den du zu Beginn aufgebaut hast, sich wieder in die höheren Dimensionen zurückzuziehen.

Bewegung nach dem Ritual – Integration
Bewege dich fünf bis zehn Minuten oder länger – so, wie es sich für dich gut anfühlt – zu einer sanften Musik, die du magst, und schaue dann, was du darüber hinaus zur Integration brauchst.

Nach dem Ritual

Nimm dir nach dem Ritual nichts mehr vor, sodass du ganz dem folgen kannst, was du brauchst. Vielleicht möchtest du dich hinlegen und einfach ruhen, vielleicht einen Spaziergang machen, eine Salzdusche oder ein Salz- oder Basenbad nehmen. Das klärt noch einmal die Aura und unterstützt die Integration des Neuen. Wenn wir so viel Altes loslassen, braucht unser Energiefeld oft einen bis drei Tage, um im Neuen stabil zu werden. Sei sanft mit dir, und achte auf deine Bedürfnisse, gönne dir genügend Ruhe und Schlaf. Wichtig ist es auch, nach dem Ritual viel zu trinken, Wasser oder Tee, um Schlacken besser ausscheiden zu können. Lasse das Ritual wirken, ohne es zu zerreden oder alles zu analysieren.

Die Rolle von Genetik und Epigenetik

Von einer höheren Warte aus gesehen, wählt unsere Seele unsere Eltern aus, um all das zu erfahren, zu lernen und zu entwickeln, was wir uns für dieses Leben vorgenommen haben. Das gilt für das genetische Erbe, d. h. all die äußeren Anlagen wie Größe, Knochenbau, Augen- und Haarfarbe usw. und die inneren Anlagen, Begabungen und Fähigkeiten. Aber auch die Epigenetik, unser emotionales und soziales Umfeld prägen uns entscheidend und sind ebenso auf der Seelenebene gewählt.

Wenn wir eine Eigenschaft wie z. B. Kraft entwickeln und erfahren wollen, erleben wir oft erst das Gegenteil davon. Der erfahrene Schmerz und der Wille, ihn zu überwinden, bringen uns in Entwicklung und lassen uns Schritte gehen, die wir vielleicht über viele Leben hinweg nicht gehen konnten. Die Einschränkungen, die wir durch die Genetik und Epigenetik erleben, dienen uns also auf unserem Weg der Entwicklung als Verstärker, *Not-wendige* Schritte zu vollziehen. Letztlich geht es darum, sich Schritt für Schritt auf immer erlöstere Ebenen hinzubewegen und uns wieder an das eigene vergessene Licht zu erinnern.

Zur Epigenetik gehören Ernährungsweise, Gefühlslage und Verhaltensweisen der Eltern und Großeltern, Traumatisierung vergangener Generationen, Umgang mit Stress sowie eigene Gefühle und Glaubenssätze. Bruce Lipton, ein amerikanischer Entwicklungsbiologe und Stammzellforscher belegt in seinen Forschungen, dass nicht nur unsere DNS unser physisches Dasein bestimmt, sondern dass die Genexpression, also wie sich bestimmte Anlagen äußern, durch die Umwelt, unsere Einstellungen, Gedanken und Gefühle bestimmt wird.* Man kann sich die Epigenetik wie einen Schalter an der DNS vorstellen: Äußere Umstände wirken auf die Erbinformation ein, ohne die DNS-Sequenz zu verändern. Genschalter werden dadurch aber abgeschaltet, sodass sich bestimmte Eigenschaften nicht ausprägen können. Das bedeutet auch, wenn wir uns als leuchtende Seele bei unseren Eltern inkarnieren, prägt deren emotionales Umfeld unsere körperliche, geistige und auch seelische Entwicklung. Erlebt besonders die Mutter Sorgen, Angst oder Verlust, wirkt sich dies auch auf das entstehende Leben in ihrem Körper aus. Manche Anlagen, die das Kind mitbringt, können erst einmal nicht zur Ausprägung kommen, weil die Genschalter durch das emotionale Umfeld ausgeschaltet werden.

In dem Maß, wie wir uns wieder an die hoch schwingenden Gefühle wie Frieden, Dankbarkeit, Wertschätzung, Mitgefühl, Freude, Liebe und höchste Präsenz anschließen, reaktivieren wir unser höchstes Potenzial. Wir können uns bewusst für ein Leben entscheiden, in dem wir einschränkende Glaubensmuster und niedrig schwingende Gefühle transformieren.

In der spirituellen Szene wird viel über den Aufstieg gesprochen. Aufstieg bedeutet, unser Bewusstsein zu erheben und sich an unser eigenes göttliches Licht, unser göttliches Erbe zu erinnern. Aufstieg bedeutet aber letztlich auch Abstieg des göttlichen Bewusstseins in die menschliche Verkörperung, das Durchlichten unseres menschlichen Seins mit unserer göttlichen Essenz – und aus diesem Bewusstsein heraus unser Leben zu leben.

---

* Bruce Lipton: »Intelligente Zellen – Wie Erfahrungen unsere Gene steuern«. Koha-Verlag, 2006.

In der nachfolgenden Meditation bist du eingeladen, dich wieder ganz an dein göttliches Potenzial und die Liebe deiner Seele zu erinnern und deine DNS von überholten Beschränkungen zu befreien. Wenn du magst, lege eine schöne Entspannungsmusik auf, und schenke dir anschließend noch etwas Ruhe. Wichtig ist – wie nach jeder intensiven Reinigung –, im Laufe des Tages viel Wasser zur Ausleitung zu trinken und dir die Ruhe oder auch die Bewegung zu geben, die du brauchst.

MEDITATION:

Reinigung der Erbinformation

Mache es dir ganz bequem, und in deiner Zeit schließe deine Augen. Spüre den Kontakt zum Boden über deine Füße, und verbinde dich ganz bewusst mit dem Herz der Erde.
Lasse die Liebe von Mutter Erde, die alles Leben nährt, jetzt von unten in dich einströmen. Spüre ihre Liebe und ihr Ja zu dir und ihr Wohlwollen, dass du dein ganzes Licht und dein höchstes Potenzial hierherbringen darfst.
Öffne dich dann auch nach oben, und suche die Verbindung mit deinem göttlichen Ursprung, deiner Seele. Lade all deine geistigen Führer und Lehrer und die Karma-Meister ein, dich bei diesem Prozess der tiefen Zellreinigung und DNS-Heilung zu unterstützen. Bitte auch ganz besonders Meister Seraphis Bey, den Hüter der weißen Aufstiegsflamme, dazu.

Und so errichtet sich jetzt um dich herum ein Tempel aus Licht, funkelnd, strahlend, leuchtend hell, zwischen den Welten und jenseits der Zeit …

Du spürst, wie sich deine Schwingung erhöht, und erinnerst dich in diesem Lichtraum immer mehr, dass du göttliches Bewusstsein bist, das hier Erfahrungen als Mensch machen wollte.

In der Mitte des Lichttempels findest du ein gleißendes weißes Licht, die Aufstiegsflamme von Meister Seraphis Bey. Du bist jetzt eingeladen, in dieses Licht hineinzutreten. Bitte jetzt in deinen Worten um Reinigung deiner Erbinformation von allen dir nicht mehr dienlichen Einschränkungen in der Genetik und der Epigenetik.

Spüre und erlebe jetzt, wie dieses weiße Licht deinen Körper umfängt und durchlichtet und besonders in dein Gehirn und dein gesamtes Nervensystem hineinfließt. Es löscht alle alten Prägungen, die den Ausdruck deines wahren Potenzials behindern.

Das weiße Licht dehnt sich aus in alle Drüsen, fließt von dort in alle Organe, in jede Zelle bis in die DNS und schaltet dort die Genschalter für dein volles Potenzial wieder an.

Und so dehnt sich die Aufstiegsflamme wie die Funken einer Wunderkerze in deinem ganzen Körper aus, durchlichtet und befreit deine DNS von allen Einschränkungen und erinnert dich bis auf Zellebene an dein wahres Wesen, jenseits aller alten Prägungen.

Erlaube dir, sanft zu atmen und diesen Prozess zu beobachten: wie dein Körper wieder aufgeladen wird mit Lebenskraft, Licht und der bedingungslosen Liebe, aus der du kommst.

(Raum geben)

Wenn du spürst, dass dieser Prozess abgeschlossen ist, bedanke dich bei der Geistigen Welt für alle Unterstützung bei der Transformation. Spüre den Segen all der Lichtwesen für deinen Weg hier auf Erden als göttliches Bewusstsein in menschlicher Form.

Komme dann in deiner Zeit wieder ganz zurück ins Hier und Jetzt.

Beginne, etwas tiefer zu atmen, als du das eigentlich brauchst, um wieder ganz wach zu werden, und wann immer du bereit bist, öffne wieder deine Augen.

Kollektiver Schatten drängt nach Erlösung

Generell sucht alles Verdrängte durch Wiederholung nach Erlösung. Dies zeigt sich besonders deutlich in der aktuellen Corona-Krise, durch die viele unerlöste kollektive Angstthemen aus dem unbewussten Bereich, dem Schatten, ins Bewusstsein drängen. Zumeist handelt es sich dabei um nicht mehr bewusste Erfahrungen von existenzieller Not und Angst aus unserem heutigen Leben. Oft wird dies jedoch verstärkt durch Erfahrungen aus früheren Existenzen, wo wir Seuchen erlebt und geliebte Menschen verloren haben, unsere Freiheit eingeschränkt wurde und unsere Existenz bedroht war.
Neben diesen Themen aus unserem eigenen Seelenweg wird der Prozess durch die kollektiven Felder verstärkt (oder auch potenziert), besonders auch die, die über die Epigenetik weitergegeben wurden. Was immer unsere Vorfahren Schreckliches erlebt haben, wirkt noch weiter. Die Trauma-Therapie spricht heute von transgenerationalem Trauma. So kann der Schrecken von Krieg und Zerstörung, den unsere Eltern, Großeltern oder Ahnen erlebt haben, uns selbst noch »in den Knochen sitzen«.

All die unerlösten Angstfelder drängen zurzeit ins Bewusstsein, um Erlösung zu erfahren. Das fühlt sich oft beängstigend und zutiefst unbehaglich an. Die folgende Meditation bietet dir die Möglichkeit, im Licht der göttlichen Liebe und Gnade und deines eigenen göttlichen Seelenlichtes deine eigenen Ängste aus diesem und früheren Leben zu transfor-

mieren und anschließend diese erlöste Energie mit deinem Ahnenfeld und der gesamten Menschheit zu teilen.
Schau, dass du in der Zeit der Meditation nicht gestört wirst. Oft ist es hilfreich, im Hintergrund eine sanfte Meditations-Musik abzuspielen.*

MEDITATION:

Transformation der kollektiven Angst

Mache es dir ganz bequem, und schließe deine Augen …
Mit jedem Ausatmen lasse Spannung los. Erlaube dir, alles auszuatmen und aus deinem Feld hinauszuschieben, was nicht zu dir gehört, sodass wieder Raum entsteht für dich. Und wo immer du deine Energie hattest – bei Menschen oder Projekten –, ziehe sie einfach mit dem Einatmen zu dir zurück, und verteile sie mit dem Ausatmen wieder im Inneren deines Körpers.

Spüre den Kontakt zur Unterlage, die dich trägt …
Stelle dir vor, du atmest zum Herzen ein und über die Basis und die Füße aus und verbindest deine Liebe mit der Erde. Lasse aus deiner Liebe Lichtwurzeln ins Herz der Erde wachsen, in ihren leuchtenden, liebenden, göttlichen Kern …

Erlaube Mutter Erde, dass sie dich mit ihrer liebenden, lebendigen Kraft von unten nährt und dass das Urvertrauen

* CD-Empfehlungen: Michael Reimann: »Engelsklang«, Schirner Verlag 2024, oder Michael Reimann: »Blume des Lebens«, Amra Verlag 2013.

ins Leben, das sie allen Geschöpfen schenkt – den Pflanzen und Tieren, aber auch uns Menschen – dich jetzt berührt, sodass es mit jedem Einatmen in dich hereinfließen kann … in dem Wissen, dass du im Leben geborgen und vom Leben gehalten bist …
Und lasse die Liebe und die Heilkraft der Erde in dein Wurzelchakra fließen … dorthin, wo das Urvertrauen verankert ist …
Lasse diese liebende Erdenkraft all das durchlichten und auflösen, was sich im Laufe dieses Lebens über deine göttliche Anlage von Urvertrauen gelegt hat …

Und während das Urvertrauen und die Kraft des Lebens weiter in dich einfließen und deine Batterien aufladen, öffne dich vom Herzzentrum aus ganz bewusst nach oben, öffne dein Kronenchakra, und lasse einen Liebesstrahl aus deinem innersten Kern ins Herz des Universums, ins Herz Gottes fließen … in den Urgrund allen Seins, aus dem deine Seele kommt …

Spüre, wie die göttliche Liebe dich jetzt von oben umfängt, dich ganz einhüllt, durchlichtet …, und erlaube all deinen geistigen Führern und Lehrern und deinem Schutzengel, dir ganz nah zu sein …

Und in dem Wissen, dass du in der Liebe von Himmel und Erde gehalten bist, bringe deine Aufmerksamkeit ganz in deinen Herzraum, dorthin, wo deine Liebe wohnt, und verbinde dich mit deinem heiligen Herzen, das voller Mitgefühl ist für die Welt, die Menschen und für dich selbst …

Erlaube deinem Herzen, weit zu werden, sodass du den dir innewohnenden Frieden spüren kannst, der alles umarmt …

Und öffne dich ganz dieser bedingungslosen Liebe, aus der deine Seele kommt und die dort in deinem Herzen verankert ist …

Bitte jetzt um alle Unterstützung aus dem höchsten Licht, sodass die Angst, die in dieser Zeit aus deiner eigenen Seelengeschichte und dem Kollektiv nach oben steigt, in dir jetzt in Frieden kommen kann …

Wir laden jetzt aus dem höchsten Gottbewusstsein all die liebenden Kräfte der Heilung ein, die es jetzt braucht: die Aufgestiegenen Meister, besonders Jesus Christus mit dem liebenden Strahl der Erlösung … Meister St. Germain mit dem Violetten Strahl der Transformation … Meister Hilarion mit dem grün-goldenen Strahl und all den Engeln der Heilung … die Engel der Gnade und des Trostes und die lichtvollen längst erleuchteten Ahnen.

Spüre, wie dich jetzt von oben die göttliche Heilkraft ganz einhüllt, bedingungslos, liebend, und gemeinsam mit dem silbernen, funkelnden Strahl der Gnade in dich hineinfließt, in all die Bereiche, wo du in den letzten Wochen und Monaten Sorgen und Ängste gespürt hast, Angst vor Ansteckung, Existenzängste …

Du nimmst jetzt all diese Gefühle in dein liebendes Herz in dem Wissen, dass alles von hier zurückfließt in den göttlichen Urgrund und dass von dort Heilung, Frieden und Segen in dich zurückströmen … (Raum geben)

Jetzt bitte die Geistige Welt um Öffnung der Zeitlinie deines eigenen Seelenweges, sodass diese heilende Essenz und die göttliche Gnade überall dorthin fließen können, wo du in früheren Zeiten und Existenzen Todesangst hattest, Angst zu verhungern, Angst vor Seuchen, Existenzängste, Angst vor Freiheitsverlust …

Spüre, wie jetzt gleißendes Licht in dich hineinfließt, in alle Erfahrungen deiner Vergangenheit … und du erkennst einfach an: *»Ja, meine Seele hat solche Erfahrungen gemacht … und ich lege jetzt meinen Frieden darauf … ich begnadige mich, nehme die göttlich Gnade an, und es ist jetzt vorbei.«*

Spüre, wie jetzt der funkelnde Gnadenregen aus der höchsten Liebe mit den Frequenzen von Transformation und Heilung in dich und durch dich und alle Erfahrungen deines Seelenweges fließt …

ES WERDE LICHT – JETZT … (Raum geben)

Sprich laut aus:
»Ich ehre und achte all die Erfahrungen von Trennung von meinem wahren liebenden Sein, die ich gemacht habe.

Ich gebe all diese Erfahrungen zurück ins Herz Gottes.

Ich lasse los.

Ich erinnere mich, dass ich göttliches Licht bin … ewig, unsterblich, unverletzlich … seit Anbeginn der Zeit …

Und ich erlaube all meinen früheren Selbsten, all meinen multidimensionalen Selbsten, sich ***jetzt*** *zu erinnern.*

Ich bin Licht vom Licht,
Liebe aus der Liebe,
göttliches Bewusstsein in menschlicher Form!«

Und dann lasse aus deinem höchsten Bewusstsein, aus deinem göttlichen Selbst ein Lichtsymbol erscheinen, das dich wieder ganz in dein Leuchten und dein Urvertrauen bringt und mit deiner göttlichen Essenz, deinem ICH-BIN-Bewusstsein verbindet.
Öffne deine Hände vor deinem Herzen, und nimm es in Empfang. Schaue dir an, was das ist …

Erlaube, dass die Energie dieses Symbols sich jetzt über dein Herz wieder mit dir verbindet mit dem Wissen, wer du wirklich bist … durch alle Räume, alle Zeiten, alle Dimensionen … (Raum geben)

Und erlaube, dass sich dieses Symbol der Erinnerung wie eine Lichtspirale durch deinen Körper bewegt, die Wirbelsäule hinunter, und alle alten Programme von Angst jetzt bis in die DNS hinein löscht … und dann all die Gene wieder aktiviert, in denen du das Wissen trägst, wer du wirklich bist.

Lasse diese Energie deine DNS putzen, klären und reaktivieren, sodass deine Erbinformation wieder zu leuchten beginnt. Lasse all die übernommenen Muster von Existenzängsten und Todesängsten jetzt durchlichtet und durchstrahlt werden und die epigenetischen Felder sich jetzt auflösen im Licht deiner eigenen göttlichen Präsenz, unterstützt von der göttlichen Liebe und der Gnade … (Raum geben)

Dann spüre, wie deine Erbinformationen wieder zu funkeln, zu strahlen und zu leuchten beginnen, ganz so, wie Gott dich wollte, wie du angelegt bist in deiner höchsten Form … im Bewusstsein, wer du wirklich bist …

Nimm dich umringt von deinen geistigen Führern wahr, von den lichtvollen Ahnen, die längst erleuchtet sind, und spüre ihren Segen und dass du all das hinter dir lassen darfst, was dich eingeschränkt hat …

Und vielleicht kannst du spüren, dass du in dieser ganz besonderen Zeit jetzt wie ein Leuchtfeuer wirst, verbunden mit deiner höchsten Essenz. Wenn deine Resonanzen geklärt und durchlichtet sind, kann das Kollektiv dir nichts mehr anhaben, und du kannst zum Segen werden für das Kollektiv … (Raum geben)

Lasse dich jetzt von deiner geistigen Führung zu einem Dimensionstor bringen. Das Tor öffnet sich, und du siehst vor dir deine Blutlinie, all die Seelen, die das Leben weitergegeben haben, sodass es dich heute gibt.

Viele von ihnen hatten nicht wie du heute die Möglichkeit, sich an ihr wahres Sein zu erinnern.

So nimm dir einen Moment Zeit, und schaue all deine Vorfahren mit liebenden Augen an … ehre und achte ihren Weg und ihr Schicksal.

Für all die, die noch unerlöst sind, rufe jetzt direkt aus dem Gottbewusstsein die Engel der Heilung und der Gnade … in die Dimension, in der ihre Seelen jetzt sind …

Und so, wie du von ihnen das Geschenk des Lebens bekommen hast, öffne dich jetzt dafür, ihnen die Frequenz des Erwachens über dein Herz zu schenken.
Sprich im Geiste: »*Erinnert euch, so, wie ich mich erinnert habe. Ihr kommt aus dem göttlichen Licht, ihr kommt von Gott … Und möge jetzt all das, was in mir heilen konnte, als liebende Frequenz in euer Feld fließen, wie Sonnenstrahlen aus meinem Sein, damit ihr euch erinnert … Möge all das, was in mir gerade transformieren und heilen konnte, ein Energiegeschenk für euch sein, damit das Gleiche auch in euch geschehen kann … in all den Leben, in denen ihr meine Ahnen wart … und auf eurem Seelenweg, durch die Zeiten hindurch.*«

Und dann spüre und erlebe, wie dieses Ahnenfeld hell und leuchtend wird, wie all die Energiefelder der Angst, die sie hier auf der Erde gelassen haben, jetzt durchlichtet werden, wie das Feuer der Transformation in all die Schichten der Erde dringt, in denen diese Erinnerungen gespeichert sind …

Und du bist Zeuge und beobachtest mit den Augen der Liebe …

Und wer immer im Feld der Ahnen jetzt noch Heilung braucht, den gib ganz bewusst in die Arme der Engel, in Gottes Hand … (Raum geben)

Sprich jetzt zu deinen Ahnen: *»Das Göttliche in mir grüßt das Göttliche in jedem von euch! Möget ihr, liebe Vorfahren, euch erinnern. Möge euer Licht eure unerlösten Aspekte durchstrahlen, durchlichten und ganz und gar transformieren bis zum Anbeginn der Zeit.«*

Und so bitte nun die Karma-Meister, jetzt Gnade walten zu lassen, wo immer das nötig und möglich ist …

»Möge all das Unerlöste jetzt erlöst werden,
mögen Schmerz und Angst ein Ende haben,
und möge die Liebe wieder erwachen!«

Und in dem Wissen, dass deine Vorfahren, die noch Unterstützung brauchen, jetzt gehalten sind von all den Wesen aus dem Licht, von den längst erleuchteten Ahnen genauso wie von den Engeln und Meistern, übergibst du sie ganz und gar, lässt sie los …

Und du lädst all die Ahnen ein, die Frieden finden konnten, jetzt aufzusteigen ins Licht.

Sieh und erlebe, wie die ELOHIM der Heimkehr sie berühren und auf die Bewusstseinsebenen tragen, wo sie sich ganz an ihr wahres Sein erinnern können, wo ihre Wunden heilen … (Raum geben)

Und du dankst deinen Vorfahren noch einmal für dein Leben, dafür, dass es so ist, wie es heute ist, dass du die Möglichkeit hattest, dich zu erinnern, wer du wirklich bist …

Und dann spüre und erlebe, wie dieses Dimensionstor sich wieder schließt und du noch einmal ganz und gar in deinem Licht stehst … leichter … erlöst … liebender … (Raum geben)

Und dann lasse dein Herz noch einmal ganz weit werden in deinem Mitgefühl, deiner heilenden Präsenz, deinem Frieden und deiner Liebe, lasse diese Energie in deine Handflächen fließen, und richte sie nach unten in Richtung Erde.

Sprich jetzt aus:
»Möge all das, was in mir heilen konnte, als Lichtkraft jetzt hineinfließen ins Lichtgitternetz der Erde, sodass die Transformation der kollektiven Angst der gesamten Menschheit zur Verfügung steht. Möge Mutter Erde sich ganz befreien von den alten Feldern, die wir Menschen hier verankert haben.«

Und dann spüre, wie Mutter Erde dir von unten mit dem gleichen liebenden Licht antwortet … Es fließt erlösend in all die Bereiche, die noch Erlösung brauchen. Im Kern sind sie heil und göttlich, so, wie du … (Raum geben)

Und in dem Wissen, dass viele Menschen im Moment an der globalen Transformation mitarbeiten, Felder befrieden,

so, wie du, die eigenen und die, mit denen wir verbunden sind, kannst du ganz sanft wieder zurückkommen, hier in diesen Raum, wo dein Körper ruht … und beginnen, etwas tiefer zu atmen, als du es eigentlich brauchst, um dich wieder ganz zurückzuatmen ins Hier und Jetzt.
Und du kommst wieder ganz hier an im Tempel deiner Seele für dieses Leben … Und wenn du bereit bist, öffne wieder deine Augen.

NAMASTE.

Nach dieser Reise ist es gut, viel Wasser zu trinken und dich sanft zu bewegen – oder zu ruhen, ganz nachdem, was dein Körper jetzt braucht.

Segen der Eltern

In früheren Zeiten war es üblich, dass die Eltern ihre Kinder segneten, wenn diese aus dem Haus gingen. Sie taten das in dem Bewusstsein, dass sie ihr Bestes für die Kinder getan hatten und dass sie der guten Saat, die sie in die Kinder gelegt hatten, trauten. Es ist ein Ritus, der in unserer heutigen Zeit oft fehlt. Kinder verlassen das Elternhaus ohne Segen und damit auch ohne das klare Wissen, dass die Eltern sie in ihre eigene Kraft stellen, ihnen die Verantwortung für ihr eigenes Leben übergeben und zutiefst wohlwollend auf die

Kinder schauen. Ich erlebe es immer als einen ganz besonderen Akt der Gnade, wenn Eltern und/oder Großeltern ihre Kinder und Enkel in der Realität – z. B. bei einer Volljährigkeitsfeier, einer Hochzeit – oder symbolisch, in einer Familienaufstellung, segnen.

Wenn du, lieber Leser, hier den Wunsch verspürst, vielleicht bei einer passenden Gelegenheit deine (erwachsenen) Kinder zu segnen, findest du hier eine von vielen Segensformeln. Natürlich kannst du diese entsprechend deinem Herzensbedürfnis umformulieren.

Segensspruch

»Mein lieber Sohn (meine liebe Tochter) …, als deine Mutter (dein Vater) segne ich dich für dein Leben.
Möge all das, was ich dir in Liebe gegeben habe, zur Quelle der Kraft und des Segens in dir werden.
Mögest du gesund bleiben und Erfolg und Erfüllung finden.
Mögest du immer wissen, dass das Leben dich liebt, damit du dich ganz in dein höchstes Potenzial und in deine Einzigartigkeit entfalten kannst.
Ich wünsche dir von ganzem Herzen, dass du ein gutes und glückliches Leben führst, voller Vertrauen in deine Fähigkeiten und ins Leben. Meine Liebe begleitet dich.«

UNSERE SPIRITUELLEN AHNEN

Die spirituelle Ahnenlinie

Wie bereits eingangs erwähnt, bezeichnet der Begriff »Aumakua«, aber auch »Ohana«, die Familie, in Hawaii wesentlich mehr als nur die Ahnenabstammungslinie, die Blutlinie von Vater und Mutter. Familie umfasst darüber hinaus die Ahnen aus vorangegangenen Inkarnationen, die Ahnen, die vor langer Zeit in ihrer vollen Größe und Kraft auf diesem Planeten gewirkt haben, die kosmischen Eltern, die seelische und spirituelle Familie, mit der wir tief im Herzen verbunden sind. Wir können nichtmenschliche Inkarnationen erlebt haben, etwa in den Naturgeisterreichen, in den Pflanzen-, Tier- und Mineralreichen, in den Engelreichen, den kosmischen Reichen und den Sternenreichen. Diese Inkarnationen zählen ebenfalls zu den Ahnen, mit denen wir verbunden sind und die aus den geistigen Reichen über uns wachen.

Im Huna ist alles eins. Das heißt auch, dass wir mit allem verwandt sind. Im Schamanismus wird das Gebet oft mit »… für alle meine Verwandten« beendet, was die lebendige Schöpfung und alles, womit wir sichtbar und verborgen verbunden sind, mit einschließt.

ÜBUNG:

Wer sind meine spirituellen Ahnen?

Frage dich: »*In welchen Reichen fühlt sich meine Seele zu Hause?*«

Hier einige Ahnen der Spiritreiche:
Elemente: Feuer, Wasser, Erde, Luft, Äther
Naturreich: Zwerge, Feen, Elfen, Elben, Meerjungfrauen, Nixen, Feuerwesen …
Pflanzenreich: Elfen, Blumenfeen, Tänzer/Tänzerinnen
Steinreich: Wächter, Hüter, Halter von Energie, Speicher, Kristallwesen
Tierreich: Tiere, die du ganz besonders gern magst
Erwachte Menschen: spirituelle Lehrer, Kahunas, Priesterschaften, Mönche, Yogis, Druiden, Medizinmänner/Medizinfrauen, Schamanen, Heiler, Kräuterfrauen, Hexen, Zauberer, Alchemisten, Geheimorden, Geschichtenerzähler, Gaukler
Länder: Länder, die dir einen Hinweis auf altes Wissen in deiner Seele geben, z. B.: Griechenland, Ägypten, Länder Mittelamerikas oder Afrikas …
Engelreich: Engel, Erzengel, Serafin, Elohim …
Spirituelle Bereiche: Schambala, Avalon, ägyptische Mysterienschulen, Atlantis, Lemuria …
Sternenwesen: Plejaden, Sirius, Orion, Mars, Venus, Mond, Jupiter, andere Sternensysteme

Verbinde dich wieder mit deinen Spiritlinien, und erlaube, dass altes Wissen wieder geweckt wird. Lade die spirituellen Ahnen zu Festen, Zeremonien, Sitzungen ein. Besuche sie über Meditationen, schamanische Reisen … in deinem inneren geistigen Raum. Sie werden dich auf deinem einzigartigen Weg stärken und führen.

ÜBUNG:

Erinnerungen an die spirituellen Ahnen erwecken

Nimm dir einen Zettel und einen Stift. Setze dich ruhig hin.
Atme in das Licht deiner Seele.
Mit welchen Reichen fühlst du dich zutiefst verbunden?
Was ist dir in deinem Leben am häufigsten begegnet?
Wo zieht es dich immer wieder hin?
Welche Tiere, welche Pflanzen, welche Gegenden liebst du ganz besonders?
Erlaube dir, all deine Verbindungen in die nichtmenschlichen, geistig-seelischen Reiche aufsteigen zu lassen.

ÜBUNG:

Das Potenzial und die Kraft im anderen sehen

Führe diese Übung zusammen mit einem Partner durch. Setzt euch einander gegenüber, und schaut euch in die Augen mit der Absicht, die Spiritlinien aufsteigen zu lassen. Während dein Partner sich innerlich mit seinem Potenzial verbindet und sich öffnet, beobachtest du einfach.
Welche Reiche, welche Kraft nimmst du in deinem Gegenüber wahr?
Es kann sein, dass sich sein Gesicht während der Übung verändert und andere Ausdrücke annimmt. Vielleicht siehst du einen Engel, ein altes Indianergesicht, ein tibetisches Gesicht, eine Priesterin, ein Tier, etwas, was nicht von dieser Welt ist, das Wesen einer Elfe, Meerjungfrau oder einer Fee usw. Lasse das Ganze ohne Bewertung geschehen.
Beobachte alles schweigend etwa fünf Minuten lang, während Musik läuft oder die Trommel sanft geschlagen wird. Du kannst deine Augen auch zwischendurch einmal für die geistigen Eindrücke schließen. Blicke auf das Seelenpotenzial, die Kraft und die Reiche, die du im Gegenüber erkennen kannst. Tauscht euch aus, und wechselt dann die Rollen.

Nimm die Kraft deiner Seele an, erlaube, dass dein Potenzial erwacht. In der spirituellen Ahnenlinie schlummern ungeahnte Kräfte, die dir helfen, deinen Auftrag, den du vielleicht als Brückenbauer zwischen den Welten hast, zu erkennen, anzunehmen und umzusetzen. Schenke den Reichen, aus denen Seelenanteile von dir stammen, Aufmerksamkeit. Lerne sie in deinem inneren Raum kennen, und lasse dich von ihnen unterrichten.

Die Bestimmung des Menschen

Wir sind dazu bestimmt, zu wachsen, uns zu entwickeln und neue evolutionäre Schritte im Einzelnen wie im Gesamten, für uns und die Menschheit, einzuläuten. Es ist Teil des göttlichen Plans, dass wir unsere schöpferischen Fähigkeiten auf allen Ebenen anwenden, um die in der physischen Welt wirkenden Energien und Schwingungen zu meistern und zu lenken.

Diese Verkörperung haben wir freiwillig gewählt. Sie ermöglicht es uns, unsere schöpferischen Fähigkeiten weiterzuentwickeln, um uns in der Form zu vollenden. Wir dürfen lernen, dass wir Mitschöpfer sind, und als diese haben wir einige Einweihungen und Prüfungen zu meistern. Jede Schöpfung ist ein bewusster Akt, und der geistige Fortschritt jedes Einzelnen wird durch eigene Verdienste bestimmt.

Ein kleiner Teil unseres Lichtes ist in uns verkörpert, der größere Teil ist im Licht und damit im Paradies. Erwachen, Nächstenliebe, harmonischer Gebrauch des Lichtes, des Bewusstseins in der Form, Wachstum und Evolution in neue Stufen der Erkenntnis sind der ursprüngliche goldene Plan. Gott ist in jedem Menschen enthalten, so auch höhere Tugenden und Werte, die durch jeden Menschen verwirklicht werden können.

Du in der Verkörperung bist jetzt das Licht in dieser Welt und kannst wandeln, verändern, gestalten. Nutze diese kurze Zeit hier, um zu erwachen und die Ewigkeit in der Endlichkeit zu verwirklichen.

IMPULS

Schaue von deinem höheren geistigen Bewusstsein, von deinem »Avatarbewusstsein«, auf diese kurze Erdeninkarnation.

Frage dich:

- »Warum bin ich auf die Erde gekommen?«
- »Was wollte ich der Erde bringen?«
- »Was wollte ich lösen und erlösen?«
- »Was wollte ich in diesem Leben vollenden und vollbringen?«

Meditiere darüber. Schaue aus höheren Perspektiven auf diese kurze Verkörperung, die kurze Zeit in der Form. Darin liegen die Schulung und die Meisterschaft deiner Seele. Nutze die Chance, statt sie zu vergeuden.

Das spirituelle Erbe unserer urchristlichen Ahnen

Vor 2000 Jahren schloss sich eine Gruppe von wundervollen Meisterseelen zusammen, um die Menschheit an ihr wahres Potenzial zu erinnern und sie zu erwecken. Da die Menschen die Botschaft der Erlösung nicht verstanden, geschweige denn in der höchsten Vollendung umsetzen konnten, entstand ein Feld von massivem Leid und Unterdrückung in unseren Ahnenlinien.

Gott hat Frauen und Männer gleichwertig und gleichberechtigt geschaffen, doch der Mensch hat sich von der Gleichrangigkeit weit entfernt. Mutter Maria, der Heilige Joseph, Jesus Christus, Maria Magdalena und viele andere Heilige der urchristlichen Gemeinschaft haben eine Revolution im göttlichen Auftrag vollbracht.

Jesus begegnete den Frauen in seiner Umgebung in Freundschaft, Güte und auf Augenhöhe. Sein Umgang mit ihnen war für die damalige Zeit außergewöhnlich. Viele Frauen begleiteten ihn, und eine besondere Frau an seiner Seite war Zeugin seiner Auferstehung. Die urchristliche Gemeinde war eine Gemeinschaft der Liebenden und des Lichtes. Diese Menschen brachten die Erinnerung an unser wahres Potenzial und unsere Heimat im ewigen Lichte zurück. Sie gingen als Familie, als Mann und Frau, mit Kindern und als Gemeinschaft völlig neue Wege. Die Verbindung mit ihnen bringt tiefe Heilung in unsere Seele und auch in die Ahnenlinien, deren Nachfahren wir sind.

Keuschheitsgelübde, Armutsgelübde, Bettelgelübde und ähnliche Riten, die wir aus den christlichen Traditionen kennen, gab es in der urchristlichen Familie und Gemeinschaft nicht, da diese Gott im lebendigen Geiste im Miteinander erfasste. Es gab immer Männer und Frauen, die sich freiwillig und von sich aus ganz in den Dienst des Göttlichen stellten und diesen auch lebten.

Die urchristliche Gemeinschaft stammte aus hoch herrschaftlichem Hause, war meisterlich geschult und lebte alle Ebenen gleichermaßen in Form der höchsten göttlichen Tugenden. Liebe, Licht, Nächstenliebe, Barmherzigkeit, Güte, Frieden und Selbstmeisterung waren ihre Wege. Das Bild der Urchristenheit ist »der auferstandene, ewig segnende, im Lichte stehende Christus«. Die Auferstehung ist die Wahrheit – und nicht der gemarterte, gefolterte und gekreuzigte Christus. Vieles wurde im Laufe der Jahrhunderte mit der Absicht der Machtausübung und Unterdrückung verändert, verheimlicht und unterworfen.

Die Botschaft von Jesus Christus, der bis heute und mehr denn je Menschen überall auf der Welt tief in der Seele berührt, sie führt und im christlichen Geiste anleitet, lautet: *»Wir sind bereits erlöst. Wir tragen die Kraft der Erlösung in uns. Das, was ich kann, kannst auch du, können wir alle – und noch viel mehr.«*

Kristallines Licht, Christuslicht (Kristall = Christ überall), ist in allem Leben. Kristalline Strukturen sind in der Heiligen Geometrie das erste Ordnungsprinzip des Lichtes. Sie verkörpern und spiegeln das göttliche Licht im Himmel und auf Erden. Wasserkristalle, Quarze, unsere Zellen und Knochenzellen weisen auf die göttliche Ordnung, die Heilige Geometrie in allem hin und damit auf das göttliche und nicht auf das menschliche Maß. Das göttliche Maß ist Schönheit, Liebe, Harmonie, Perfektion, Vollkommenheit, Ewigkeit, Herrlichkeit und Frieden. Alles andere entspricht nicht der endgültigen Wahrheit.

Die Kirche hat vieles, was der ursprünglichen christlichen Gemeinschaft entspricht, über Generationen gelehrt, erhalten, weitergegeben. Sie hat ein verbindliches Feld des Lichtes erschaffen. Liebe und Nächstenliebe, Hilfsbereitschaft und Güte, Vergebung, Gebet und Hingabe an das Göttliche sind die Werte vieler Kirchenmänner und -frauen, Ordensgemeinschaften und werden auch genau so praktiziert und gelebt.
Jedoch gibt es neben dem Licht, der Liebe und vielen wunderschönen Gebeten und Ritualen auch ein sehr dunkles Kapitel in der Kirchengeschichte, das angeschaut werden möchte, um in uns und in der Welt Heilung zu finden. So wurden viele Christen verfolgt, vertrieben und haben ein Martyrium auf Erden erlebt.

Einige Riten, Gebete und religiöse Übungen, die wir heute kennen, entspringen dem Mittelalter und nicht der urchristlichen Gemeinschaft. Die größten und schmerzlichsten Veränderungen, die das Mittelalter hervorbrachte, waren die Entzweiung der Kirche, Kriege im Namen Gottes, die Erniedrigung und Verteufelung des weiblichen Geschlechtes, die mit der Inquisition zwischen dem 13. und dem 18. Jahrhundert ihren Höhepunkt erreichte. Damit begann die Zerstörung und Missachtung der Mädchen und Frauen, der Erde und der göttlichen Schöpfung, unserer wahren Natur.

Hier ein kurzer Abriss der wichtigsten Zeitlinien, die unsere Ahnen auf die eine oder andere Weise meistern mussten. Diese Zeitlinien können heute Trost, Liebe, Heilung, Befriedung, Vergebung und Erlösung finden. Das ist das Geschenk der heutigen Zeit.

1231 ernannte Papst Gregor IX. die Dominikaner und die Franziskaner zu »Inquisitoren« und beauftragte sie mit der Verfolgung von vermeintlichen Ketzern. Dies war die Geburtsstunde der Inquisition. **1486** schrieb der Dominikaner Heinrich Kramer den Hexenhammer zur Legitimation der Hexenverfolgung. Auch wenn man sich heute von diesem Werk distanziert, so wurden die darin grausam beschriebenen Praktiken bis in das 18. Jahrhundert hinein verwendet. Frauen stellten die Mehrheit der Verfolgten in den Inquisitionsverfahren dar. Insgesamt wird geschätzt, dass in Europa im Zuge der Hexenverfolgung drei Millionen Menschen auf grausamste Art und Weise der Prozess gemacht wurde, davon 80 % Mädchen und Frauen. Die Opfer waren 10 bis 15 Jahre alte Mädchen, Frauen und Mütter. Auch entwickelten sich immer wieder neue Strömungen der Kirche, die sich gegenseitig in zahllosen Kriegen bekämpften und Leid und Elend über die Menschheit brachten.

Im Jahre **1998** öffnete der Vatikan endlich die Archive der römischen Inquisition. Tausende Inquisitionsakten aus vielen Jahrhunderten bringen nun Licht und Erkenntnisse in dieses düstere Kapitel der Kirche im Namen Jesu Christi.

Am ersten Fastensonntag des Jahres **2000** erklärte Papst Johannes Paul II. als erster Papst öffentlich das Fehlverhalten und die Irrtümer der Kirche. Er sagte, die Kirche habe bisweilen Methoden der Intoleranz zugelassen, und meinte damit die Verfolgung Andersgläubiger, Zwangsbekehrung, Folter und Inquisition.

Die Prozessakte der Heiligen Jeanne d'Arc ist ein bemerkenswertes Dokument, in dem Jeanne d'Arc von einer in Liebe geeinten Kirche im Himmel und einer zerstrittenen Kirche auf Erden spricht.

Da wir in eine neue Zeit eingetreten sind, in der das Erwachen der Menschheit beginnt und wir uns langsam an unser wahres Erbe erinnern, kommen jetzt viele Dinge ans Licht, um Erlösung, Trost und Heilung zu finden. Es gibt sehr viele Wege der Heilung und der Erlösung, und sie kommen aus vielen Richtungen, da wir an einem Wendepunkt der Menschheitsgeschichte angelangt sind.

Es ist wichtig, dass wir als Menschheitsfamilie erwachen, denn im Kern führen alle Religionen in die Liebe und dahin, uns neu im Lichte der Liebe wiederzuerkennen. Die Liebe ist der Weg nach Hause. Die Liebe heilt, tröstet und erlöst die alten Wunden des Missbrauchs, der Kriege, der ungewollten Kinder und des Zwangs, der bis heute auf Frauen ausgeübt wird, Kinder zu gebären, des Schmerzes und des Leidens. Diese alten und düsteren Geheimnisse wirken bis heute in unseren genetischen und spirituellen Ahnenlinien und unseren Seelen.

Haben wir z. B. einen katholischen Bischof oder Papst in unserer Ahnenlinie, die sich bekanntlich dem Zölibat verschreiben, so kann sich dies bis in die siebte Generation in dem Gefühl auswirken, dass wir und unsere Linie eigentlich nicht existieren dürfen. Werden diese Geheimnisse gesehen, befriedet und erlöst, so geschieht Erlösung nicht nur für uns, sondern auch für unsere Kinder und Kindeskinder.

Es wird Zeit, dass wir uns selbst vom Kreuze nehmen und uns wieder mit der Auferstehung und dem ewigen Leben, das Jesus Christus vorgelebt hat, verbinden. Wir sind bereits erlöst, und die Kraft der Erlösung durch die Liebe ist in uns.

Die heilige Anna – Segen und Heilung der Ahnenlinien

In der Ahnenheilung helfen die heilige Anna und der heilige Joachim, die Eltern Mutter Marias und Großeltern Jesu. Sie halten ihr Licht über alle Linien und Nachfahren. In der Verbindung mit ihnen geschehen viele Wunder und Heilungen.

Hier eine kleine Legende zur heiligen Anna:
Als die urchristliche Gemeinschaft über das Meer nach Südfrankreich kam, brachte man den Körper der heiligen Anna nach Abt in eine Höhle, damit ihr Licht weit leuchten konnte. Die Urchristenheit lehrte und heilte in Höhlen und bezeugte viele Wunder, die bis heute in ihrer Gegenwart und in Hingabe an sie geschehen. Die Höhle der heiligen Anna geriet in Vergessenheit. Später wurde eine Kirche über ihr erbaut.
Während einer feierlichen Krönungszeremonie trug sich Folgendes zu: Ein kleiner Junge, taub, blind und stumm, begann, am Altar zu graben. Er wurde fortgebracht, da er die Zeremonie störte. Weil dieses Ereignis jedoch so ungewöhnlich war, wurde der Junge bald zurückgeholt, und man begann, an der Stelle zu graben, auf die er zeigte. Ein Gang trat zutage, an dessen Ende ein helles Licht leuchtete. Es handelte sich um das Grab der heiligen Anna. Und als der Junge es berührte, konnte er wieder sehen, hören und sprechen. Diese Geschichte zählt zu den Wundergeschichten, die berichten, wie in der Gegenwart der Heiligen in Hingabe an sie Wunder geschehen können.

Indem wir uns wieder mit den goldenen Linien und der heiligen Familie verbinden, können seelische Wunden Heilung finden. Wir werden im übertragenen Sinne wieder sehend, hörend und für das göttliche Licht sprechend.

Der heilige Joachim konnte keine Kinder zeugen und wurde in den Tempeln von den Priestern verstoßen. Vor lauter Scham zog er sich allein in die Wüste zurück. Dort erschien ihm ein Engel, der ihm die Geburt einer Tochter ankündigte. Das Mädchen sollte im Alter von drei Jahren in die Tempel gebracht werden, um den göttlichen Auftrag, der für sie bestimmt war, zu erfüllen. Joachim kehrte zurück zu seiner Frau. Anna, die zurückgeblieben war, erhielt zeitgleich dieselbe Botschaft. Maria wurde geboren, eine Frau, die ihren göttlichen Auftrag auf Erden erfüllte und vollständig im Lichte aufstieg – eine Aufgestiegene Meisterin des höchsten Lichtes, in deren Gegenwart über alle Zeiten hinweg bis heute viele Wunder geschehen. Die heilige Anna war noch zweimal verheiratet. Aus ihren weiteren Ehen gingen Maria Salome und Maria Jakobe hervor, die Mütter der Apostel Johannes und Jacobus.

Die folgende Übung wurde uns von der heiligen Anna in der gleichnamigen Kirche in Abt in einem Gebet und einer tiefen Meditation eingegeben.

ÜBUNG:

Verbindung mit dem reinen urchristlichen Liebesgeist

Verbinde dich auf deine Weise mit den heiligen Männern und Frauen des Urchristentums. Vielleicht über ein Gebet oder in der Meditation. Bitte die heilige Anna und die heilige Familie um die Heilung der Ahnenlinien über Raum und Zeit.

Hier ein mögliches Gebet:
»Im Namen meiner geliebten ICH-BIN-Gegenwart, Gott, Vater, Mutter und Kind in einem, ihr Weltenlehrer und Weltenlehrerinnen, ihr Meister und Meisterinnen des Lichtes, heilige Anna, heiliger Joachim, heilige Mutter Maria, Jesus Christus, Gemeinschaft der Heiligen, ihr Erzengel, Engel, heilenden Engel und Schutzengel, mein Hohes Selbst, mein Mittleres Selbst und mein Unteres Selbst in einem, ihr heilenden Elemente, ich bitte um die Heilung der Zeitlinien des Mittelalters bis in den goldenen Ursprung hinein. Ich bitte euch, erlöst und heilt die alten Wunden, sendet euren Trost und eure unermessliche Liebe in alles hinein, sodass wir alle frei werden auf unserem Pfad in das höchste Licht und vollenden können, wozu wir hergekommen sind.«

Spüre die Dreifaltigkeit in dir, in jedem Atom deines Seins, in jedem Atom des Lebens:
Elektron – Proton – Neutron
Männlich – Weiblich – Göttlich-Kindlich
Heiliger Joachim – heilige Anna – heiliges Kind Mutter Maria

Heiliger Josef – heilige Mutter Maria – heiliges Kind Jesus Christus
Jesus Christus – heilige Maria Magdalena – heiliges Kind Sara Tamar

Spüre nun, wie das Gold dieser »Meisterlinien« in die männliche und in die weibliche Linie hineinströmt und in das göttliche Kind. Spüre, wie in allen Ebenen nun Heilung und eine Neuausrichtung stattfinden. Spüre deine Verbindung mit dem wahrhaften, reinen urchristlichen Liebesgeist. Spüre das Licht der Gnade, Barmherzigkeit und Liebe, das erlöst, heilt und in das Licht zurückführt, so, wie es von Gott gedacht war.

VERGEBUNGSGEBET

Wenn du gesund und wieder ganz heil werden möchtest, so musst du verzeihen, vergeben, übergeben und vergessen können. Sprich:

»Ich bin nun vollständig bereit, alles loszulassen, was mich traurig und unglücklich gemacht hat. Ich vergebe allen, die mir Unrecht zugefügt haben, und ich bitte um Vergebung für meine Fehler über Raum und Zeit. Ich komme jetzt in Frieden mit allen Menschen und bitte die Engel, die reinste Energie der Liebe, des Trostes und der Gnade zu nehmen und damit überall Ausgleich und Balance herzustellen, wo etwas gutzumachen ist und wo ich etwas gutzumachen habe. Ich danke für die Liebe, den Trost und die Gnade, die immer da sind. Amen in Liebe.«

ÜBUNG:

Freisprechung und Lösung von alten Seelenverträgen über Raum und Zeit

Nimm dir einen Briefbogen, und schreibe alles auf, was in dir aufsteigt. Lasse alles hochkommen, was du noch verzeihen darfst, alles, was noch erlöst werden darf, alles, was jetzt in dir bereinigt werden möchte. Bitte Gott, Vater, Mutter und Kind in einem, auf deine Weise um Vergebung und Gnade. Vergebung und Gnade sind immer da.

Es gibt mittlerweile viele Freisprechungen. Wähle die, die dich am meisten berührt. Es ist sinnvoll, sie laut zu sprechen und zu wiederholen, bis du das Gefühl hast, dass du in vollkommenem Frieden damit bist. Hier eine Möglichkeit:

»Im Namen der geliebten ICH-BIN-Gegenwart, Gott, Vater, Mutter und Kind in einem, der Weltenlehrer und Weltenlehrerinnen, der Meister und Meisterinnen des Lichtes, der Erzengel, Engel, heilenden Engel und Schutzengel, des karmischen Rats und aller lichtvollen Wesen, die den höheren Welten dienen, bitte ich darum, den Himmel aufzuschließen, um das Paradies auf Erden zu verwirklichen. Wie im Himmel, so auf Erden. Wie in allem Licht, so in aller Form. Ich bitte darum, alle Siegel über Raum und Zeit, die nicht mehr dem göttlichen höchsten Lichte dienen, zu lösen, zu erlösen – und alles, was damit verbunden ist und in Zusammenhang steht.
Ich bin ewiges Licht vom höchsten Licht.
Ich bin reine Liebe der höchsten Liebe.

Ich bitte um Vergebung, Verzeihung und Erlösung aller, die mit mir verbunden sind, jenseitig, diesseitig und in der Tiefe meiner Seele. Ich bitte um die Befreiung aller Seelenverträge über Raum und Zeit, sodass ich in diesem Leben vollenden kann, wozu das göttliche Licht mich gesandt hat. Ich bitte um die Erlösung von allen in der Vergangenheit geleisteten Eiden und Gelübden sowie Schwüren und Aussagen, die unter Folter und Verrat geleistet wurden. Ich bitte um Vergebung und Gnade. Ich bitte um die Erlösung von Armutsgelübden, Keuschheitsgelübden, Fahneneiden, Racheschwüren, Flüchen, Verdammnisschwüren, Schweigegelübden, Bettelgelübden, Treueschwüren, Selbstkasteiung, Bindungen an alte Orden, Bruderschaften, Personen und Organisationen, Vaterlandseiden, Ritterschlägen, Blutsbrüderschaften, Geheimgesellschaften sowie von allen anderen hier nicht genannten Gelübden, Versprechen und Eiden.

Für alles, was noch unerlöst ist, erinnert euch, ihr seid Licht vom Licht und Liebe aus der großen Liebe. Trost und Gnade strömen ein. Ich vergebe mir im Namen Christi für all den Schmerz, den ich auf meine Seele greifen ließ. Ich vergebe im Namen Christi für all den Schmerz, den ich wissentlich und unwissentlich anderen Seelen zugefügt habe. Ich vergebe im Namen Christi all jenen, die meiner Seele Schmerz zugefügt haben. Möge die göttliche Gegenwart alle unaufhörlich segnen, bis wir uns in der Liebe und Wahrheit des Lichtes wiedererkennen. Amen in Liebe.«

Die folgende Visualisation kann dir helfen, das Gesagte zu verinnerlichen:

Sieh den lichten Kreis deiner Engelfreunde und geistigen Helfer im Lichte um dich herum.
Fühle dich nun eingehüllt in dem Violetten Licht der Transformation und Umwandlung. Du bist von der Geistigen Welt eingehüllt in einem mächtigen Pfeiler aus violettem Licht. Das Licht rotiert leuchtend und lodernd um deine Körper. Spüre die starke Sogkraft auf allen Ebenen und in allen Dimensionen bis in deine Essenz hinein. Nimm wahr, wie alle Siegel, Verbindungen, Knoten, Seelenverträge in diesem Lichte aus allen Körpern von den Engeln gelöst werden und wie all das Dunkel aus all deinen Körpern entfernt und umgewandelt wird.

Aufgestiegene Zivilisationen

»Geliebte Kinder des Lichtes, die ihr auf dem Antlitz der Erde wandelt, wir lieben und wir kennen euch schon so lange. Bis heute wirken wir in anderen Dimensionen. Wir hüten euer Potenzial und eure Weisheit, bis ihr bereit seid, euren Weg in das Licht bewusst anzutreten. Wir lehren euch von anderen Ebenen und Dimensionen aus. Löst euch aus dem Massenbewusstsein der Menschen, die noch nicht die volle Meisterschaft über ihre eigenen Welten erlangt haben. Ihr könnt weit darüber hinauswachsen und andere mit eurem Licht erinnern und entzünden. Richtet euch im göttlichen Licht aus, und verbindet euch mit den Meistern und Meisterinnen, die euer Potenzial hüten und euch erinnern. Sie sind wahre Entwicklungsbeschleuniger. Sie nehmen euch an die Hand. Ihr werdet in ihrem goldenen Saum auf eurem Pfad der Vollendung getragen.«

In diesem Kapitel möchte ich das Feld etwas dehnen. Ich stelle hier eine vage Behauptung auf, die aus uralten Legenden der Hopi-Indianer, der Inka und der Maya hervorgeht: Es gab vor unserer Zeit viele Welten und Zivilisationen in unterschiedlichen Entwicklungsstadien. Es gab auf unserem Planeten Zivilisationen, die spirituell so hoch entwickelt waren, dass sie als Gruppe aufgestiegen sind. Einige Zivilisationen sind mit Lemuria und Atlantis untergegangen, andere Gruppen und Zivilisationen sind komplett in die nächste Dimension aufgestiegen. So gibt es ein untergegangenes Lemuria und ein aufgestiegenes Lemuria. Es gibt ein untergegangenes Atlantis und ein aufgestiegenes Atlantis.

In diesem Sinne wirken Aufgestiegene Zivilisationen und Meister aus anderen Ebenen und Dimensionen und führen uns in unserem Prozess der Vollendung. Zu den Meistern aufgestiegener Kulturen zählen die Hathoren, Toth sowie viele weitere Meister und Meisterinnen der alten Zeit.
Auch in unserer Zeitlinie gab es in den vergangenen Jahrtausenden vereinzelt große Seelen, die vollständig in anderen Dimensionen erwacht sind und bewusst von den anderen Ebenen aus über uns wachen. Diese sind Aufgestiegene Meister und Meisterinnen wie Quan Yin, Tara, Jesus Christus, Mutter Maria, Babaji usw.

Mache dir bewusst, dass deine Ahnenlinie weit zurückgeht durch alle Zeitlinien bis zum Ursprung, als deine Seele, der unsterbliche Teil in dir, erschaffen wurde. So bist auch du verbunden mit den aufgestiegenen Kulturen, mit Seelen, die schon längst im Lichte erwacht sind, die da sind, um dir auf deinem Pfad behilflich zu sein.

Auf meinen, Jeannes, letzten Ahnenseminaren meldeten sich die lichtvollen Ahnen der aufgestiegenen Zivilisationen intensiv, um uns zu erinnern, zu erwecken und das wahre Potenzial in uns anzuregen.

MEDITATION:

Die lichtvollen Ahnen aufgestiegener Zivilisationen

Nimm dir Zeit, und begib dich auf deine Weise in die Meditation. Verbinde dich über die Atmung mit deinem Hohen Selbst, mit deiner ICH-BIN-Gegenwart. Spüre, wie das Licht und die Liebe aus deinem Hohen Selbst in dich einströmen. Stelle dir das Licht vor, Ströme aus funkelnder, sprühender und blinkender Energie fließen in dich hinein, laden dich auf, bauen ein Kraftfeld in dir und um dich herum auf, sodass du immer heller und strahlender wirst. Das Licht fließt weiter durch dich hindurch und spendet all jenen Segen, Liebe und Trost, mit denen du im Sichtbaren und Unsichtbaren verborgen verbunden bist. Wogen des Lichtes strömen in dich ein, fließen über und weiter.

Verbinde dich mit den Meistern und Engeln, denen du dich nahe fühlst. Du wirst auf geistiger Ebene in die Hallen der Aufzeichnung geführt. Ein wunderschöner blauer Raum hüllt dich in samtiges Licht. Du spürst Ruhe und tiefen Frieden und die Verbundenheit mit dem All, ja, der All-Einheit. In dem Raum befindet sich ein kristallklarer Spiegel. Du nimmst mit deinem himmlischen Team, das dich beschützt, trägt und führt, Platz. Nun bitte darum, zu erfahren, mit welchen Zeitlinien und aufgestiegenen Kulturen deine Seele verbunden ist. Flammendes Licht erfüllt den gesamten Raum, und der Spiegel verwandelt sich in eine kristallklare reine Atmosphäre des Lichtes, in eine kosmische Leinwand, auf der sich das lebendige Licht deiner Seele spiegeln kann. Lasse dich in die lebendigen Bilder und Dimensionen führen, zu den alten Aufzeichnungen und Erinnerungen, die in deiner Seele gespeichert sind. Erlaube, dass alles aufsteigt: dein gesamtes Potenzial, frühere Leben, alte Zivilisationen, große Kräfte. Du kannst Fragen stellen und um Zeichen bitten. Wenn der Spiegel wieder eine ruhige Oberfläche bildet, so bedanke dich für alles, was du in diesem besonderen Raum erfahren konntest, und lasse dich ins Hier und Jetzt zurücktragen.

Notiere deine Erfahrungen. Diese Meditation kannst du wiederholen, sooft du möchtest.

Die Aktivierung deiner göttlichen DNS

Die gesamte Erbinformation lebender Zellen und Organismen ist in der sogenannten DNS enthalten. Die DNS befindet sich in Chromosomen verpackt im Zellkern jeder Zelle und ist pro Zelle insgesamt etwa zwei Meter lang. Da der menschliche Körper aus ungefähr 100 000 Milliarden Zellen besteht, ist seine DNS insgesamt etwa 200 Milliarden Kilometer lang. Die DNS hat die Form einer schraubenförmigen Doppelhelix. Bisher hat die Wissenschaft nur 3 % der DNS entschlüsselt. 97 % der DNS sind unerforscht. So, wie nur ein Bruchteil der gesamten Wirklichkeit im sichtbaren Bereich liegt, so gibt es Teile der DNS, die sich im unsichtbaren Bereich befinden, in anderen, höher schwingenden Ebenen und Dimensionen.

Die DNS ist aus spiritueller Sicht heilig. Sie ist die universelle Antenne und Empfänger der Weisheit des gesamten Kosmos. Sie ist die Rückkopplung an unser wahres göttliches Erbe, unser gesamtes Potenzial, und Medium des jetzt stattfindenden evolutionären Aufstiegs. Bei vielen von uns befindet sich die DNS noch im Schlafmodus. Es gibt eine Ur-DNS-Matrix der Seele, die in den feinstofflichen Feldern liegt. Die vollentfaltete Ur-DNS hat 13 Stränge. Wir können uns mit diesem Feld abgleichen, indem wir uns darauf ausrichten, um unsere DNS vollständig zu aktivieren. So werden wir jede Zelle im Licht baden, und durch bewusste Ausrichtung auf das Ur-DNS-Matrixfeld der Seele machen wir uns bewusst, dass es unser Geburtsrecht ist, unsere wahren Lichtwurzeln, altes Sternenwissen und unser volles Potenzial zu entfalten und Verjüngung, Regeneration und grenzenloses Sein in einem Feld unbegrenzter Möglichkeiten zu erleben. Von den Engelebenen können wir die Elohim hinzubitten, die Formbauer und Schöpferengel, die das Licht zum ersten Mal in der göttlichen Matrix informierten und uns in diesem Prozess unterstützen. Das Hohe Selbst und dein Seelenteam führen dich durch diesen Prozess. Bade über einen längeren Zeitraum in den eigens dafür erschaffenen Klängen. Dass der Prozess der Aktivierung greift, erkennst du daran, dass du dich lichtvoller, glückselig, freier, weiter, klarer, heller, wacher, bewusster fühlst und tatsächlich jünger und frischer aussiehst, neue Impulse und Kräfte entwickelst und dein inneres Genie immer mehr in Erscheinung tritt.

Wenn wir bedenken, dass wir in jeder Zelle zwei Meter DNS haben und diese sich entfaltet, so sind wir in unserem wahren Wesen weitaus größer als in unserer physischen Form. Wenn wir in die Hinterlassenschaften alter Kulturen schauen, die komplett aufgestiegen sind (und unsere lichtvollen Ahnen sind), dann können wir erahnen, wohin die Reise geht. Hin zu einer aufgestiegenen Menschheit, die viele Fähigkeiten besitzt und entfalten wird, wenn sie im Frieden angekommen ist und beginnt, aus den inneren Ebenen des Paradieses zu wirken.

Die DNS ist der Schlüssel und der Zugang zu den Mysterien des endlichen und des ewigen Lebens. Öffne dich heute dafür. Die Zeit ist jetzt.

Es gibt viele Wege, die DNS zu aktivieren. Hier eine Möglichkeit:

MEDITATION:

Aktivierung der DNS

Nimm dir Zeit für dich, und baue deinen Raum so auf, dass du in Stille und fokussiert bei dir sein kannst.* Lege deine Hände auf den unteren Bauch. Konzentriere dich auf deine Lichtwurzeln, die Heilige Geometrie deiner Seele und das universelle kristalline Licht. Bringe deine eigene Energie mit der Energie des Urlichtes in Einklang.

Du kannst die Meister und Elohim aus dem universellen Feld des Lichtes bitten, die Aktivierung der vollständigen DNS zu unterstützen. Verbinde dich mit dem feinstofflichen Feld der Ur-DNS-Matrix der Seele, das immer da ist. Gib den Befehl: *»DNS vollständig aktivieren, jetzt!«* Begib dich auf die feinstoffliche zellulare Ebene. Nimm wahr, wie dein Lichterbe in Form der DNS-Stränge beginnt, sich aufzudrehen, sich zu reinigen, zu erlösen und immer klarer, reiner und lichtvoller zu werden. Bade während der Klänge in dem kristallinweißen Licht, und erlaube, dass deine DNS aus den höchsten Ebenen des Lichtes jetzt vollständig aktiviert wird. Dies kann als Kribbeln oder als Wärme, die durch den gesamten Körper strömt, wahrnehmbar sein. Stelle dir vor, wie aus dem feinstofflichen Feld der Ur-Matrix immer mehr Licht in die DNS-Stränge hineinströmt und immer mehr Informationen und Energien freigesetzt werden – in jeder Zelle, an jeder Stelle. Folge den Anweisungen deiner Engel und deines Seelenteams. Spüre, wie sich insgesamt sieben DNS-Paare und Muster in ihrer ursprünglichen Kraft öff-

---

* CD-Empfehlung: Michael Reimann: »DNA-Aktivierung [528 Hertz]: Heilung der Zellen durch die Liebesfrequenz«, Amra Verlag 2018.

nen und sichtbare Bereiche aus unsichtbaren Ebenen neu beleben. Genetische Muster werden aktiviert. Emotionale Aspekte werden mit höheren Gefühlswelten der Freude, des Friedens und der Glückseligkeit verbunden.
Du spürst die mentale Öffnung in die Weisheit des Universums und in die Heilige Geometrie. Allumfassende Lichtpotenziale, Lichtsprachen wie Symbole und Codierungen werden aktiviert. Du wirst mit dem Potenzial deiner Seele verbunden. Übersinnliche Einflüsse aus dem Sonnensystem und Sternenwissen strömen ein. Du spürst die Rückverbindung in das allumfassende Bewusstsein. Du spürst die Schöpferkräfte und die Harmonisierung auf allen Ebenen und das Erwachen in dein wahres Wesen.

Du kannst diese Meditation öfters wiederholen, da jedes Mal andere Potenziale und Erkenntnisse einfließen. Alles, was du jetzt integrieren kannst, geschieht in Harmonie und im Einklang mit deiner Seele.

Evolution und Wachstum in neue Stufen

»Der, der ich war, bin ich nicht mehr. /
Die, die ich war, bin ich nicht mehr.
Der, der ICH BIN, bin ich jetzt. /
Die, die ICH BIN, bin ich jetzt.

Ich bin, du bist, wir sind – all-eins.«

DAS ERWACHEN DER AHNENKRAFT

Das Leben annehmen

Die alten Hawaiianer glaubten, dass wir keine Menschen sind, die gelegentlich eine geistige Erfahrung machen, sondern dass wir geistige Wesen sind, die eine menschliche Erfahrung machen. Jeder von uns ist ein Original. Keinen von uns gibt es ein zweites Mal auf dieser Welt. Mit unserer Geburt wurden uns ganz bestimmte Kräfte und Fähigkeiten mitgegeben, damit wir hier unsere einzigartige Bestimmung erfüllen können. Wir tragen etwas in uns, das kein anderer Mensch auf dieser Erde in sich trägt. Wir haben eine einzigartige Medizin, ein einzigartiges Sein. Wir sollten Originale bleiben, statt Kopien zu werden.

Je mehr wir unsere Fähigkeiten, Talente, unsere Schönheit und Kraft würdigen, desto mehr erblühen sie. Der Gedanke einer individuellen Medizin kann dein ganzes Leben verändern. Wenn es keine zwei Menschen auf der Welt gibt, die dieselben Talente und Fähigkeiten haben, dann verlieren Wörter wie Konkurrenz, Missgunst, Neid und Vergleich ihren Sinn. Ein erfülltes Leben zu führen, bedeutet, gemäß seiner Medizin, seiner Bestimmung zu leben. Es ist genug für alle da. Die Energie fließt beständig.

Jeder Mensch ist einzigartig. Keinen von uns gibt es ein zweites Mal. Wir sind alle Träger und Trägerinnen von unsagbaren Schätzen, Talenten, Fähigkeiten und Energien. Du bringst etwas ganz Einzigartiges mit, das nur du besitzt. Werde dir dessen bewusst.

Mache dir also bewusst, dass du etwas ganz Eigenes mitbringst, etwas, was dich ausmacht – dich ganz persönlich. Du bist einzigartig und hast ein Recht darauf, dein Leben zu leben, es in deine liebenden Hände zu nehmen und es mit Freude und Glück zu gestalten, egal, was in deiner Kindheit passiert ist. Du bist verantwortlich für dein Leben und deinen Lebensverlauf.
Hilfreich kann der weltbekannte Text »Von den Kindern« von Kahlil Gibran (1883–1931) sein. Du findest ihn in seinem Buch »Der Prophet«. Sprich sein Gedicht z. B. einfach in der Ich-Form aus der Perspektive von dir als Kind ein paar Mal laut aus, und fühle die energetische Wirkung. Du wirst merken, wie wohltuend dies ist.

ÜBUNG:

Ich schätze an mir

Setze dich hin, und notiere einmal ganz bewusst Dinge, die du an dir schätzt. Hänge dir die Liste anschließend gut sichtbar auf, damit du dich an deinen ganz eigenen Kern und alles, was bereits in dir ist, immer wieder erinnerst. Beispiel: *»Ich schätze an mir mein Lachen und meine Fähigkeit, in allem das Schöne und Gute zu sehen …«*
Lobe dich für alles, was du bisher gemeistert hast, und erweitere deine Liste stetig.
Widme dich deiner Liste täglich mindestens fünf Minuten lang.

Die Schale des Lichtes

Es gibt eine schöne hawaiianische Tradition: Jedes Kind erhält bei seiner Geburt eine Schale, die von einer der Ältesten geschnitzt wurde. Sie steht für die Schale voll reinem, göttlichem, unantastbarem Licht, die jedes Kind mit auf seinen Lebensweg bekommt, wenn es geboren wird.
Dieses Licht ist unser Glück, unser Lebenselixier. Die Schale enthält unsere Begabungen und Fähigkeiten und die geistige Größe, die in uns hineingelegt wurde. Alle Menschen tragen eine solche geistige Größe in sich. Sie strahlen. Ihr Licht erhellt die Welt.

Wir machen in unserem Leben immer wieder Erfahrungen, die unser Licht blockieren, z. B. wenn wir erniedrigt werden oder unser Leben nicht so verläuft, wie wir es gern hätten. Das ist so, als ob Steine in die Schale des Lichtes fallen würden. Sie sorgen dafür, dass wir nicht mehr in unserer geistigen, einzigartigen Größe leuchten und glänzen können.
Die Hawaiianer haben eine einfache Lösung dafür. Jeden Abend vor dem Sonnenuntergang schauen sie in ihre Schale des Lichtes. Sie drehen sie um, sodass alles herausfallen kann, was sich am Tag in der Schale angesammelt hat. Auf diese Weise kann das Licht immer leuchten und strahlen.
Es gibt zwei Arten von Steinen und Felsen, die das Licht des Glückes verdrängen oder verdunkeln. Jeder Stein und Fels steht für einen schweren Gedanken, mit dem wir die Macht über unser Glück an etwas außerhalb von uns verschenken: Entweder ist es ein Gedanke, der uns Mangel suggeriert und dafür sorgt, dass wir niemals zufrieden sind. Er beginnt meist mit »Ach, hätte ich doch nur …«. Oder es ist der Ge-

danke, dass andere Personen glücklicher sind als wir. Er beginnt meist mit »Wäre ich doch nur wie ...«.
Das Glück kann durch das Leeren der Schale und einen spirituellen Verbündeten wiederhergestellt werden. Wir nehmen alles so an, wie es uns das Leben geschenkt hat. Wir sehen den Segen des Augenblicks und folgen der Kraft, die in uns wohnt. Sie wird uns automatisch zum Glück führen.

ÜBUNG:

Leeren der individuellen Schale

Atme zum Kronenzentrum hin ein und zum Bauchnabel hin aus. Wiederhole das drei Mal, sodass du ganz in deine Mitte, zu dir selbst und in deine Anbindung kommst. Nun fühle ganz intensiv in dein Herz hinein. Wenn es ein Gesicht hätte, wie würde es dich anschauen? Wie ist es um dein inneres Licht bestellt? Nun fühle deine Schale des Lichtes. Hole sie in deiner Vorstellung aus dir heraus, indem du deine Hände vor deinem Herzen zu einer Schale zusammenführst. Wie fühlt sie sich an? Worin bestehen die Ansammlungen des Tages? Leere die Schale mit einem kräftigen Atemzug über dem Ozean des Lichtes, dem Quantenmeer, aus, und spüre, wie die Lichtenergie den Inhalt augenblicklich transformiert. Wie fühlst du dich jetzt? Nimm die Schale wieder in dich hinein, und spüre in dein Herz, in das ewige Licht deines Selbst. Erlaube, dass es sich mit jedem Atemzug ausdehnt. Danke dir selbst für alles, was du an diesem Tag gemeistert hast, und sieh den Segen in all den Führungen, Fügungen und Begegnungen des Tages.

Wenn du diese Übung zum ersten Mal machst, kann es sein, dass du das Bedürfnis hast, die Schale des Lichtes im Ozean der Liebe zu waschen oder nach dem Leeren zu polieren. Du kannst auch deine Engel dazurufen. Traue einfach den Impulsen, die du während dieser Übung erhältst.

Neben der individuellen Lichtschale haben wir auch eine kollektive Schale, in der wir alles tragen, was im Zusammenhang mit unserem Feld, unseren Ahnen und den Menschen, mit denen wir bewusst oder unbewusst verbunden sind, gespeichert wurde. Diese Kollektivschale sitzt gefühlt im Bereich unseres Bauchnabels, unseres zweiten Chakras. Hier strömt unbewusst alles aus dem Kollektiv zusammen, sammelt sich und kann uns ohnmächtig, träge, krank und kraftlos machen, wenn wir es nicht im Auge behalten.

Aufgrund meiner, Jeannes, intensiven Arbeit mit diesen beiden Schalen kann ich sagen, dass sie sich täglich sehr unterschiedlich anfühlen können. Einmal sind sie leicht, licht- und klangvoll und ein andermal gefüllt mit schweren Steinen, je nachdem, was am Tag in unser Feld gelangt ist.

ÜBUNG:

Leeren der Kollektivschale

Fühle in deinen Bauchbereich unterhalb des Nabels hinein. Atme zum Kronenzentrum hin ein und zum Bauchnabel hin aus. Wiederhole dies drei Mal, sodass du ganz in deine Mitte, zu dir selbst und in deine Anbindung kommst. Lege deine Hände auf den unteren Bauchbereich, und sei ganz bei dir. Sei mit deiner ganzen Aufmerksamkeit dort. Fühle die Schale des Kollektivs in dir. Nun nimm sie in deiner Vorstellung aus dem Bauch heraus, indem du mit deinen Händen vor deinem Bauch eine Schale formst. Wie fühlt sich die Schale an? Wie riecht sie, wie nimmst du sie und ihren Inhalt wahr?

Mit einem kräftigen Atemzug leerst du die Schale in den Ozean der Lichtenergie, wo ihr Inhalt augenblicklich transformiert wird.

Du verweilst bei deiner Schale und überprüfst mithilfe deiner Spirits (Engel, Meister, Krafttiere …), was es braucht, damit deine Schale leuchten und gut klingen kann und du heilsame Impulse in das kollektive Feld hineinfließen lassen kannst.

Dann nimmst du sie wieder in dich hinein und spürst nach. Meist fühlst du dich danach frei, energievoll und leicht.

Diese Übung kann jeden Tag vor dem Zubettgehen durchgeführt werden. Es ist wirklich erstaunlich, wie unterschiedlich das Ergebnis sein kann. Manchmal liegt in der Schale sogar eine Botschaft, ein Zeichen, ein Symbol oder ein Geschenk der lichtvollen Ahnen oder des Kollektivs.

Das wahre Potenzial unserer Ahnen in uns erwecken

Da die Ahnen unserer Blutlinie in der christlichen Tradition lange nicht geehrt wurden und unsere Vorfahren oft mit den Widrigkeiten ihrer Zeit kämpfen mussten, haben wir vergessen, woher wir kommen, wer wir sind und welches Potenzial in unseren Linien schlummert.
Alle Meister und Meisterinnen über Raum und Zeit, alle Gottheiten, die wir heute kennen, und viele unbekannte Weise und Heilerinnen haben hier auf der Erde gelebt und sind in ihrer vollsten Kraft und Größe über die Erde gewandelt. Es ist wichtig, dass wir ganz wir selbst werden. Ein Gautama Buddha ist nicht Jesus Christus. Eine Quan Yin ist nicht Maria Magdalena. Jeder Meister, jede Meisterin des Lichtes hat eine ganz eigene Schwingung, verkörpert meisterlich eine ganz eigene Kraft. Alles, was wir tun müssen, ist, ganz wir selbst zu sein und immer mehr wir selbst zu werden.

Wir kennen oft nur zwei bis vier Generationen unserer Blutlinie. Doch in Wirklichkeit stehen in weiten Verzweigungen Zehntausende Seelen hinter uns. Nun möchten wir unseren Blick erweitern und uns für unsere Blutlinie öffnen. Früher wurde die wahre Kraft unseres Blutes von unseren Vorfahren bewusst an uns übertragen. In einigen Naturvölkern ist es bis heute so, dass bestimmte Kräfte und Qualitäten von den Vätern und Müttern an ihre Kinder und Kindeskinder weitergegeben werden. So kann der Strom des Potenzials immer weiter fließen.

Es ist nun an der Zeit, dass du dein wahres Potenzial wiedererlangst und erlaubst, dass es in deinen Zellen erwacht. Dazu ist es notwendig, deinen Blick zu erweitern. Wir bieten dir hier eine Möglichkeit, mit dem Potenzial deiner sechs direkten Ahnen in Kontakt zu treten.

MEDITATION:

Ahnenpotenzial

Vorbereitung

Gestalte dir zuerst im Raum einen Platz. Das kann z. B. ein runder Teppich sein oder ein Kreis mit einem Stuhl oder einem Sitzkissen darin. Hinter dir stehen links deine Mutter und ihre Eltern und rechts dein Vater und dessen Eltern. Zünde links eine Kerze für deine Mutter und rechts eine Kerze für deinen Vater an, dann eine Kerze für deinen Großvater und deine Großmutter mütterlicherseits (auch wenn du diese nicht gekannt hast). Wiederhole das Ganze für die Eltern deines Vaters (auch hier ist es gleich, ob du sie kennengelernt hast oder nicht).

Setze dich auf deinen Platz, und spüre die sechs Ahnen (deine Eltern und Großeltern) hinter dir. Nimm zuerst deine Position wahr. Oft sind wir nicht auf unseren richtigen Plätzen oder werden auf Positionen im Stammbaum gezogen, die nicht oder nur unzureichend ausgefüllt waren. Es kann sein, dass wir auf den Plätzen der Eltern oder anderer Verwandter, verstorbener Kinder usw. stehen. Hier kann es hilfreich sein, zuerst deinen Stammbaum zu malen und dich zu fragen, wo eigentlich deine Position darin ist. Was ist ausschließlich dein Platz im Stammbaum deiner Ahnen? (Wie ein Stammbaum aussehen kann, kannst du dir im Internet anschauen.)

Nimm dir Zeit für diese Vorarbeit. Sie kann dir einige Erkenntnisse bringen. Oft haben wir unbewusst Verantwortung für Menschen aus unserer Familie (Geschwister, Eltern, Großeltern …) übernommen, die wir nicht tragen müssen. Vielleicht haben andere Verwandte Verantwortung für uns übernommen (Geschwister, Tanten, Onkel …), weil es nicht anders möglich war. Wenn du einen Paten hast, beachte auch diese Verbindung, da sie energetisch besonders ist.

Wenn dir dein Platz im Stammbaum jetzt vollkommen bewusst ist, stelle dich mit beiden Füßen auf den Platz, der für dich vorgesehen ist. Erlaube dir, nur diese Position zu fühlen.
Atme deine Energie von allen anderen Plätzen, an denen du etwas übernommen oder für andere getragen hast, zu dir zurück, bis du das Gefühl hast, ganz ruhig und friedlich auf deinem Platz angekommen zu sein. Danke denen, die für dich für eine gewisse Zeit Verantwortung übernommen haben, und gib sie frei. Nimm deine Anteile zu dir, du kannst jetzt für dich da sein.

Gewähre dir deine ganz eigene Anbindung an die Erde. Du kannst dir deine Verbindung zur Erde als Wurzel über die

Gold- oder Silberadern, über Mineralien oder über die Elemente vorstellen. Lasse ein Bild in dir aufsteigen, das sich für dich richtig gut anfühlt und über das du die nährende und tragende Kraft von Mutter Erde für dich, für dein Leben und deinen einzigartigen Weg fühlst, wo immer du bist. Es ist immer die eine Erde unter dir, mit der du verbunden bist, die dich trägt und nährt, solange du auf ihr wanderst. Nur du kannst deinen einzigartigen Weg hier gehen. Schritt für Schritt.

Dein Startplatz ist dein Platz an den Wurzeln. Du trägst nur für diesen Platz und für alles, was aus dir hervorgegangen ist (z. B. Kinder), die Verantwortung. Für mehr nicht.

In dieser Übung ist es auch gut, Ordnung und Frieden für sich selbst zu schaffen und seine Kinder auf ihren einzigartigen Plätzen zu sehen und sie zu segnen. Auf gefühlt leere Plätze kann man auch Engel bitten, damit dort Heilung geschieht.

Wenn du deinen Platz ganz angenommen hast, wende dich deinen Vorfahren zu. Vergegenwärtige dir die Ströme, die hinter dir fließen. Drehe dich dann zu deinen Ahnen um, und betrachte sie.

Mit welcher der Ahnenlinien fühlst du dich am meisten verbunden? Mit welcher kannst du am wenigsten anfangen? Spüre in jede Linie hinein – nimm dir dafür Zeit.

Weit hinten in deiner Ahnenlinie gibt es Meister und Meisterinnen des Lichtes, Ahnen und Ahninnen, die ihr vollstes Potenzial entwickelt und hier als Kind, Frau, Geliebte, Mutter, spirituelle Lehrerin, Priesterin, Heilerin … oder als Mann, Geliebter, Vater, spiritueller Lehrer, Führer, Priester, Heiler … auf der Erde gelebt haben. Dieses Potenzial ist von Generation zu Generation wie ein Staffelholz weitergegeben worden.

In unseren Linien gibt es *Schläfer,* also Ahnen, die dieses Potenzial nicht leben konnten, aber es dennoch weitergegeben haben, und *Wächter,* also Ahnen, die dieses Potenzial voll entfaltet haben.

Nun hast du das Staffelholz in der Hand, und es liegt an dir, ob das Potenzial erwachen kann. Ist dies der Fall, dann war kein Leben deiner Vorfahren umsonst, und es kann viel Heilung und Erlösung in den Reihen deiner Ahnen und Ahninnen geschehen.

Meditationsreise

Mache es dir bequem, atme ein paar Mal ruhig und tief ein und aus. Lasse dich immer mehr in den Raum deines Herzens sinken, komme zu dir selbst, ganz in deine Mitte. Dann verbinde dich mit den Linien und dem Stammbaum deiner Sippe. Fühle und sieh deinen ureigensten Platz, der nur zu dir gehört und den nur du wirklich ausfüllen kannst, darin. Nimm ihn jetzt voll und ganz an. Atme ruhig und tief, und bringe deine ganze Energie ganz auf diesen deinen Platz. Sollten noch Reste deiner Energie auf anderen Stammbaum-Plätzen vorhanden sein, rufe sie ganz zu dir zurück, und bitte die Engel und Wesen aus der Einheit auf all die Lücken und jetzt leeren Plätze, sodass du ganz ruhig und klar und in Frieden auf deinem Platz stehen kannst.

Sieh, wie die Engel die Wunden der Ahnen auf den Plätzen, wo deine Energie noch vorhanden war, jetzt heilen.

Verbinde dich mit der Ahnenlinie deiner Mutter. Fühle deine Großmutter und die gesamte Blutlinie dahinter.
Atme sanft, ruhig und tief.
Nun bitte deine geistige Führung an deine Seite. Es kann ein Engel, ein Krafttier, ein Meister, eine Meisterin … sein.
Wenn du sie fühlst oder weißt, dass sie da ist, begrüße sie auf deine Weise.
Nun wirst du zu einem Boot gebracht und lässt dich auf dem Strom deiner Ahnenlinie in der Zeit zurücktragen. Das Boot wird von deiner inneren wissenden Führung gesteuert. Du reist weit zurück, und egal, was du an den Ufern der Ahnenlinie deiner Großmutter siehst oder wahrnimmst, die Reise geht unbeirrt weiter bis zu einer Ahnin in ihrer vollsten Größe und Kraft. Du bewegst dich immer mehr in das Licht hinein.
Diese Ahnin wartet bereits auf dich – seit langer, langer Zeit. (Sie kann aus einem anderen Land stammen, denn du weißt nicht, wie die Ströme deines Blutes geflossen sind. Staune über das, was sich dir zeigt, und nimm es dankbar in deinem Herzen an.)
Die Ahnin begrüßt dich liebevoll und nimmt dich in ihre Arme. Sie zeigt dir das Potenzial und die wahre Kraft der Ahnenlinie deiner Großmutter.
Bist du bereit, dieses Potenzial wieder voll und ganz, in seiner ganzen Größe und Kraft anzunehmen? Wenn du bereit bist, so sage: »Ja, ich bin bereit.«
Fühle, wie dieses Potenzial jetzt in den Zellen deiner DNS aktiviert wird, und lasse es geschehen. Alles, was noch an

altem Schmerz gespeichert ist, fließt ab und verwandelt sich im Lichte des gewaltigen Potenzials.
Falte nun vor deinem Herzen deine Hände zu einer Schale.
Deine Ahnin schaut dich im Besitz ihres vollen Potenzials und mit ihrer ganzen Liebe an und überreicht dir ein Geschenk, das in deine Ahnenlinie gehört.
Das kann ein Gegenstand, ein Symbol, Farben, eine Energie, eine Zeremonie, eine Fähigkeit sein oder auch Worte, die du hörst. Lasse es geschehen …
Warte, bis du es ganz deutlich fühlst, weißt, hörst oder siehst.
Bist du bereit, dieses Geschenk anzunehmen?
Wenn du dazu bereit bist und es in deinen Händen fühlst, legst du es auf dein Herz und atmest es tief in dich hinein.
Fühle, wie alles in dir aktiviert wird.
Vielleicht zeigt dir deine Ahnin noch etwas, weiht dich in etwas ein oder hat noch eine Botschaft für dich.
Nun ist es Zeit, Abschied zu nehmen, in dem Bewusstsein, dass du diesen Ort und deine Ahnin jederzeit wieder aufsuchen kannst, um von ihr zu lernen oder von ihr geführt zu werden. Bedanke dich für alles, was geschehen konnte.
Du steigst mit deiner geistigen Führung wieder in das Boot und lässt dich über deine Ahnenlinie zurück zu deinem Platz führen. Beobachte, was am Ufer deiner Blutlinie geschieht, während du in deiner neuen kraftvollen Schwingung zurückfährst, den Segen deiner Ahnin in ihrer vollsten Kraft im Rücken.
Wenn du auf deinem Platz wieder voll und ganz angekommen bist, richtest du dich in deiner neuen Kraft und Größe auf.
Du fühlst den Kontakt zwischen dir und deiner lichtvollen Ahnin. Ein Segensstrom beginnt, durch deine Blutlinie zu

pulsieren. Immer stärker und kraftvoller. Viele Ahnen dieser Linie können jetzt vollständig ins Licht gehen, Heilung und Erlösung erfahren, weil das Potenzial aktiviert wurde. Fühle die Erlösung, die jetzt geschieht.
Langsam verebbt der Strom, und du kommst wieder ganz zu dir zurück. Schaue noch einmal zu deiner geistigen Führung. Bedanke dich, und verankere diese Kraft an deinem inneren Ort. Fühle, wie er sich verändert, wie neue Bereiche und Wege entstehen, ganz im Einklang mit dieser wieder aktivierten Kraft.
Frage, ob es noch etwas zu beachten gibt. Bedanke dich, lasse den aus der Ewigkeit kommenden Segen in deinem geistigen Raum erstrahlen, und atme dich dann langsam von deinem inneren Raum in den äußeren Raum, in das Hier und Jetzt zurück.

Du kannst nun die gleiche Reise nach und nach zur Ahnenlinie deines Großvaters mütterlicherseits sowie deiner Großmutter und deines Großvaters väterlicherseits machen.

Notiere dir, was du in deiner Meditation erlebt hast. Auf diese Weise kannst du viel über dich, die wahre Kraft deiner Ahnen und das Potenzial, das in dir ruht, erfahren. Es wird dich von nun an beschützen, tragen und führen.

Unsere weisen Ahnen sind oft hilfreiche Lehrer, Führer und Führerinnen, Heiler und gute Ratgeber, die wir jederzeit aufsuchen können oder die uns plötzlich wieder in der Meditation erscheinen, wenn etwas Wichtiges bevorsteht. Sie warten seit Äonen darauf, dass wir uns wieder mit ihnen verbinden. Du wirst auch ganz deutliche Zeichen in deinem Alltag bekommen und kannst jederzeit um solche bitten. Es kann sein, dass dir Gegenstände, die du in der Meditation gesehen hast, einfach geschenkt werden, dass du zu Menschen geführt wirst, die dich wieder mit der Kraft verbinden, oder dass es dich in ein bestimmtes Land zieht, das mit deinen Ururur-Ahnen verbunden ist. Wann immer du Kraft und Schutz brauchst, kannst du diese Symbole und Gegenstände auch in deinem täglichen Leben verwenden.
Diese aus der Meditation gewonnenen Erkenntnisse können uns umfassend verwandeln.
Mit dem Potenzial deiner Ahnen bist du in der Lage, die Schatten in Licht zu wandeln. Alles ist bereits in dir.

Mögen Frieden und Heilung geschehen, und mögen wir das Wunder des ewigen Lebens und das Wunder, das wir sind, wieder entdecken.

MEDITATION:

Der heilende Blick der Liebe

Nimm ein paar tiefe Atemzüge, und spüre dich in deinem Körper. Spüre den Boden, der dich trägt und dir Halt und Sicherheit gibt. Erlaube deinen Augen, wie auf ein weiches Kissen in die Augenhöhlen zurückzusinken und einfach auszuruhen …

Suche ganz bewusst deine Verbindung mit dem Göttlichen, indem du dein Kronenchakra öffnest und dich mit dem Herzen Gottes verbindest, mit dem Urgrund der Schöpfung. Erlaube der göttlichen Liebe, dass sie dich umfängt und dass all die Wesen aus dem Licht, die zu dir gehören, dir jetzt ganz nah sein können: deine Lichtfamilie, all die Engel und Meister, mit denen du verbunden bist, deine Krafttiere … Spüre, wie sie dich umringen und dir mit ihrem Blick bedingungslose Liebe schenken.

Und ganz gleich, welche Erfahrungen du in deinem Leben mit deinen Eltern und Ahnen gemacht hast, erlaube dir jetzt, in ihre liebenden Augen zu schauen …

Du atmest diese Liebe ein … und erlaubst deinen Augen, sich noch ein bisschen mehr in das Erleben hinein zu entspannen, von der göttlichen Liebe gesehen zu werden. Diese Liebe ist ohne Erwartung, wohlwollend und achtsam, wach und präsent, zärtlich und gütig und sieht dich so, wie du wirklich bist.

Lade auch deine lichtvollen Ahnen ein, hierherzukommen, um dich zu beschenken, dir Kraft zu geben und dich zu segnen.

Erlaube dir, dieses Licht zu spüren, das auf dich gerichtet ist. Fühle die Blicke deiner lichtvollen Ahnen. Sie schauen dich an, wie nur liebende Eltern ihre Kinder anschauen können, stolz auf den Weg, den du gegangen bist, mitfühlend für all die schwierigen Phasen, die du erlebt hast, und voller Freude, dass du dich an dein wahres Sein erinnerst und dass du dein Licht immer mehr zu dir nimmst und lebst …

Und so erinnerst du dich: *»Ich bin Licht, ich war es immer und werde es ewig sein, und dieses Licht darf leuchten in der Welt.«*

Dann hole dich mit ein paar tiefen Atemzügen zurück, und wenn du magst, entzünde eine Kerze als sichtbares Symbol für das Licht in dir.

Im Kontakt mit dem Ursprung unserer Seele

Wie du bereits weißt, haben wir neben unserem irdischen noch einen anderen Ursprung. Viele von uns haben neben dem menschlichen Sein spirituelle Wurzeln aus anderen Reichen. Diese können Naturreiche, Engelreiche, Sternenreiche, Mineralreiche, eine alte Seelenheimat sein. Unsere spirituellen Eltern sind unser wahres Zuhause und unsere wahre Heimat. Mit ihnen in Kontakt zu treten, hilft uns, uns selbst zu erkennen und uns endlich in dem, was wir sind, spiegeln zu können. Es ist ein Erwachen in unser wahres Sein.

MEDITATION:

Erwachen in das wahre Sein

Mache es dir bequem. Konzentriere dich auf deine Atmung, und nimm ein paar tiefe Atemzüge. Atme zum Kronenzentrum hin ein und zum Bauchnabel hin aus. Wiederhole dies drei Mal. Allmählich sinkst du aus deinem Verstand über den Hals in den Raum deines Herzens hinein. Du erlaubst, dass er weiter wird, heller und größer. Du nimmst einen Eingang wahr. Er kann zu einer Höhle, einem Tunnel, einem Tor, einem Gang … führen. Du gehst durch ihn hindurch. Vor dir verläuft jetzt ein Pfad, der dich an einen Ort führt, an dem du vollkommen sicher und geborgen bist.

Während du diesen Pfad entlangläufst, öffnest du deine inneren Sinne.
Wandle an deinem inneren Ort umher, und beginne, ihn zu erforschen. Welche Pflanzen und Bäume wachsen dort? Welche Landschaften offenbaren sich dir? Welche Tiere begegnen dir? Ist dein innerer Ort verwildert oder hübsch angelegt? Strahlt er Kraft und Energie aus? Gibt es Ecken, die gereinigt oder verändert werden könnten? Haben die Pflanzen einen guten Boden? Wohin führen die Wege in deinem inneren Ort? Genieße es, diesen inneren Raum immer mehr zu entdecken.

Die innere Mitte – Ausrichtung

Eine starke Energiebewegung zieht dich sanft und kraftvoll immer mehr in deine innere Mitte, in dein inneres Zentrum. Dies ist ein ganz besonderer Mittelpunkt an deinem inneren Ort. Dieser kann gekrönt sein von einer Quelle, einem starken, besonderen Baum, einem Stein oder Kristall, einem Tempel … Nimm dein inneres Zentrum genau wahr. Wie fühlen sich die Elemente Feuer, Wasser, Erde, Luft und Energie an? Wie bewegt sich die Energie an dem Ort? Welche Ausstrahlung und Qualität besitzt dein inneres Zentrum? Du bemerkst, wie du beginnst, dich dort mit allem zu verbinden und auszudehnen. Du fühlst den Boden unter deinen Füßen und deinen Stand.
Mit dem nächsten Atemzug dehnst du dich nach vorn aus, mit dem darauffolgenden nach hinten, mit einem weiteren Atemzug nach links und rechts. Schließlich dehnst du dich mit dem nächsten Atemzug nach oben aus und verbindest dich mit deinem höheren Wesen. Strahlendes Licht fließt

jetzt aus den höheren Dimensionen in dein Sein und lädt dich vollkommen auf.
Bitte deine Spirits zu dir. Hilfreiche Wesen beginnen, sich dir zu zeigen. Das kann ein Krafttier, ein Engel, ein Meister, ein Heiler, ein Naturwesen oder eine ganze Gruppe sein. Begrüße sie, und lerne sie kennen. Sie unterstützen und begleiten dich auf der inneren Ebene.

Vorbereitung für die Heimkehr

Aus deiner Mitte entsteht ein Pfad zu einem Ort der Vorbereitung. Deine Spirits begleiten dich auf diesem Pfad, und du kommst zu einem zauberhaften Ort. Dort sprudelt glasklares Wasser in strahlendem Licht. Dieses Wasser ist das Wasser des ewigen Lebens. Du darfst alles Alte jetzt ablegen und in dieses Wasser steigen.
Es hat eine heilende und reinigende Wirkung. Es durchdringt und durchströmt dich. Du fühlst, wie alte Wunden zu heilen beginnen, Gifte deinen Körper verlassen und deine geistige Führung Dinge aus deinem Körper nimmt, die dort nicht hingehören.
Mit jedem Atemzug spürst du, dass du leichter und reiner wirst und in die Energie der Unschuld zurückkehrst. Bade in dieser reinigenden klaren Energie, genieße dein unschuldiges göttliches Sein. Atme durch. Du tauchst komplett in das Wasser ein und fühlst, dass eine große Einweihung in das Geistige bevorsteht.
Es ist Zeit, aus dem Wasser zu steigen. Du wirst empfangen, gesalbt, geölt und vorbereitet für dein Heimkommen. Dir wird ein Gewand überreicht, das in deiner Energie schwingt. Nun bist du bereit für deine spirituelle, wahre Heimat.

Einweihung

Vom Ort der Begegnung aus entsteht ein Pfad zu einem uralten heiligen Platz der Erde, der dir fremd und doch sehr vertraut ist und an dem du mit deiner wahren Heimat in Verbindung treten kannst. Deine Spirits begleiten dich dorthin. Du schaust dich um, atmest tief ein und aus, und deine Spirits fragen dich, ob du bereit bist, dich mit deinem Ursprung zu verbinden. Langsam und bedächtig näherst du dich ihm, fühlst mit jedem Schritt die Lichtspuren, die du hinterlässt, und trittst immer mehr in dein heiligstes Inneres. Es ist, als ob sich ein unsichtbares Tor öffnet und es dich auf unsichtbaren Pfaden immer mehr in deine wahre spirituelle Heimat zieht, in das Reich, aus dem deine Seele stammt (Natur, innere Erde, Engel, Akasha, Sternenheimat …).

Ein blinkender Punkt in der Ferne kommt jetzt immer näher. Er ist wie das Licht am Ende des Tunnels. Du siehst deine geistige Heimat. Viele Wesen warten bereits auf dich. Wie sieht die Landschaft aus? Welche Farben, Formen und Energien leuchten dir entgegen? Langsam kommst du dort an. Du berührst den Boden deiner seelischen Heimat. Viele Wesen, die dir sehr vertraut sind, begrüßen dich und nehmen dich in Empfang.

Tief berührt lässt du dich in den Arm nehmen und willkommen heißen. Endlich.

Ein Ton erklingt, und die Wesen bilden eine Straße. Am Ende des Weges stehen zwei leuchtende Gestalten in strahlenden Gewändern: dein spiritueller Vater und deine spirituelle Mutter. Du bewegst dich auf diese Wesen zu. Bei ihnen angekommen, schaust du in ihre liebenden Augen.

Es ist, als ob du dich das erste Mal erkennen kannst, und du weißt: *»Ich bin zu Hause. Hier gehöre ich hin.«* Du schaust deine spirituelle Mutter an, sie nimmt dich in ihre Arme und wiegt dich, froh, dass du wieder da bist. Während sie dies tut, fühlst du, wie alle alten Bilder von dir abfallen und deine Seele tief aufatmet. Dann schaust du in die liebenden Augen deines spirituellen Vaters. Hier kannst du dich wiederfinden. Er schließt dich in seine Arme, wiegt dich hin und her, und du fühlst, wie alle alten Bilder, Glaubenssätze und Identifikationen jetzt abfallen und deine Seele aufatmet. Die Liebe deiner spirituellen Eltern umhüllt und wärmt dich. Du spürst, wie jede Zelle von dieser Liebe, aus der du entstanden bist, belebt wird.

Nun bitten sie dich, mitzukommen. Du fragst, wie lange du von diesem Ort getrennt warst, und deine spirituellen Eltern erzählen es dir. Sie führen dich in dein wahres Zuhause. Du betrittst ein wunderbares Gebäude, das dir sehr vertraut ist und das du vielleicht aus deinen Träumen und Visionen kennst. Ja, hier bist du zu Hause.

Deine spirituellen Eltern bringen dich in deine Räume. Du schaust dich um. All deine Talente, deine Fähigkeiten, deine Qualitäten und wahren Eigenschaften werden hier sorgfältig und unversehrt gehütet. Während du in deinen Räumen umhergehst, beginnst du, dich zu erinnern. Du nimmst bestimmte Gegenstände, Bilder und Dinge in die Hand, alte Erinnerungen steigen auf, und alte Fähigkeiten werden geweckt. Du fühlst, dass deine Urfrequenz in dir erwacht. Es freut dich, dass alles unversehrt und frei vorhanden ist. Lasse dir Zeit!

In dem Bewusstsein, dass du später wieder in deine Räumlichkeiten kommst, bitten deine spirituellen Eltern dich, ihnen zu folgen. Sie führen dich in einen Tempel. Dort haben sich viele Wesen, die auf irgendeine Weise mit dir verbunden sind, über alle Zeitalter versammelt. Während du durch die Menge läufst, fühlst du die unterschiedlichen Gefühlsebenen, erlöst und unerlöst, fühlst die Verstrickungen, die Verbindungen, die Knoten und die frei fließende Energie. Spüre in das Feld, mit dem du bis heute verbunden bist, hinein. Wie fühlt es sich an? Wer ist dort?

Deine Eltern führen dich zu dem Ort der Wandlung. Dort befindet sich das Wasser des ewigen Lebens, rein, klar, leuchtend und unverfälscht. Du schaust nun in dieses ruhige Wasser. Es beginnt, sich leicht zu bewegen. Viele Leben, Rollen und Situationen zeigen sich in dem Wasser. Wie in einem Film zieht alles an dir vorbei. Du spürst, wie die Masken und Rollen, die du über viele Zeitalter getragen und gespielt hast, von dir abfallen und du immer mehr das wirst, was du warst, bist und wieder sein wirst. Du verwandelst dich immer mehr in dein wahres Ich hinter all den Rollen, Masken und Inkarnationen und beginnst, dich selbst zu entdecken. Immer klarer, reiner, jünger, schöner und heller wird das Bild von dir.
Du spürst diese Veränderung und Verwandlung in dir. Schaue dir selbst in die Augen. Was strahlt dir entgegen? Du genießt, einfach nur du selbst zu sein, atmest tief in dich hinein und erlaubst die Wandlung. Du bist.

Dann drehst du dich um. All die Wesen, die sich hier über Raum und Zeit versammelt haben, haben deine Veränderung miterlebt. Du zeigst dich jetzt so, wie du wirklich bist. Ein Erkennen und Erwachen finden statt. Das Feld beginnt, sich zu lösen und zu klären, im Einklang mit deiner wahren Schwingung. Einige Wesen jubeln und freuen sich, dass du wieder da bist. Andere begrüßen dich oder bitten um Vergebung. Wieder andere Wesen erleben Gnade und lösen sich leicht und mühelos aus deinem Feld und schweben wie Ballons, die zum Himmel steigen, davon. Neue Wesen betreten den Raum und laden dich ein. Dein Feld fühlt sich friedlich, leicht, liebevoll beschwingt und rundherum stimmig an. Du freust dich.

Deine spirituellen Eltern und die Wesen, die mit dir in Freude und Liebe verbunden sind, nehmen dich an die Hand und führen dich zu einem ganz besonderen Platz, der für dich lange gehütet wurde. Nur du hast den Schlüssel, diesen Platz zu öffnen. Er ist mit deinem Geburtskristall verbunden, mit deiner Ursprungsenergie. Du wirst an den Eingang gebracht. Von dort aus gehst du allein sanft und langsam immer tiefer in die kristalline Energie deines Ursprungs, die sich wie von selbst für dich öffnet. Du tauchst ganz in deine eigene Ursprungsenergie hinein und fühlst, wie sie in deinen Zellen vollständig aktiviert wird. Genieße es. Fühle dein Urmuster, deine Urausstrahlung, deine Ursprungsenergie in jeder Zelle, in jedem Atom. Du wirst vollständig aufgeladen.
Nun ist es Zeit, diesen heiligen Ort, der für dich gehütet wurde, zu verlassen.

Ganz erfüllt und aufgeladen wirst du zurück in deine Räume gebracht. Deine Eltern erinnern dich, warum du einst auf die Erde gekommen bist. Was wolltest du der Erde bringen? Was ist deine Aufgabe? Sie fragen dich, ob du bereit bist, diese Mission zu beenden und was dir bisher am meisten gefehlt hat. Du antwortest jetzt. Nun kannst du aus deinen Räumen das bekommen, was dir am meisten gefehlt hat und was du brauchst, um alles gut zu Ende zu bringen. Deine spirituellen Eltern geben es jetzt in dein Energiefeld hinein und verankern diese Schwingung dort. Du fühlst, wie du dich in ihrer Gegenwart voller Liebe und Vertrauen öffnest und die Verankerung dessen, was dir gefehlt hat und was du brauchst, spürst. Fühle in dein Energiefeld und in deine neue Schwingung.

Du schaust dich in deinen Räumen noch einmal um. In dem Wissen, dass diese Verbindung nun wieder geschaffen ist und du jederzeit an den Ort deines Ursprungs zurückkehren kannst, fühlst du dich bereit, deine Erdenmission zu Ende zu führen.

Deine spirituellen Eltern führen dich an den Ausgangspunkt zurück. Du schaust in die Augen deiner spirituellen Mutter. Sie überreicht dir ein Geschenk für die weibliche Seite und nimmt dich liebevoll in den Arm. Du schaust in die Augen deines spirituellen Vaters. Er überreicht dir ein Geschenk für die männliche Seite und wiegt dich in seiner ganzen Liebe. Du fühlst, wie die weibliche und die männliche Seite in dir in dieser Liebe heilen. Du bist ein göttliches Kind, das eine irdische Erfahrung macht, und verbunden mit der Ursprungsenergie deines Seins. Vielleicht nennen dir deine spirituellen Eltern ihren Namen oder zeigen dir ihren Klang. Du fühlst den Segen und das Liebeslicht, das dich von nun an einhüllt und bei dir ist. Reich beschenkt und gesegnet bist du bereit, zurückzukehren.

Ein Tor öffnet sich, und es zieht dich ganz von allein zurück auf den heiligen Boden, von dem aus du gestartet bist. Ganz dort angekommen, bewegst du dich langsam hinaus. Dort warten deine Spirits, hoch erfreut über deine Veränderung. Sie heißen dich willkommen.

Ihr geht zusammen den Pfad zurück in deine innere Mitte. Dort angekommen verankerst du deine Ursprungsenergie an deinem inneren Ort. Während du seinen Boden berührst, beginnt dieser, sich zu verändern und sich komplett neu auszurichten. Beobachte die Veränderung, und erlebe die Wandlung. Vielleicht entstehen neue Räume. Es wird heller und weiter. Neue Pfade der Liebe bilden sich.
Beobachte, und freue dich an dieser inneren Wandlung und Neuausrichtung. Schaue dich um, segne diesen inneren Raum, und tritt ganz in deine Mitte hinein. Du erlaubst deiner wahren Ursprungsenergie, sich auszudehnen und durch deinen physischen Körper zu strahlen und ihn ganz zu durchdringen und zu wandeln. Du fühlst, wie das alte Bild abfällt, sich jede Zelle auflädt und verjüngt und diese Energie aus deiner Mitte in alle Welten und Dimensionen zu strahlen beginnt, mit denen du sichtbar und unsichtbar verbunden bist. Langsam atmest du dich wieder ganz in den Raum zurück, in dem du dich jetzt befindest. Du klopfst dich ab und spürst das neue wahre Leuchten in dir. Lasse dir Zeit, bis du wieder ganz angekommen bist.
Es steht dir von nun an zu, dich bis ans Ende dieser Zeit immer wieder mit deinem wahren Ursprung zu verbinden.

Notiere dir, was du erlebt hast.

Abschluss und Integration

Auch wenn wir sehr viel wunderbares Neues erleben, ist es für unseren Körper oft nicht so leicht, alles zu integrieren. Dabei unterstützt dich die nachfolgende Reise:

INTEGRATIONS- UND SEGENSMEDITATION

Mache es dir bequem. Zentriere dich in dir, und erlaube dir, alles, was nicht dir gehört, aus deinem Feld hinauszuschieben, es durch das transformierende Violette Feuer der Wandlung zurück zu den Menschen zu geben, zu denen es gehört. Gib diese Menschen dann in Gottes Hand. Atme anschließend deine Energien wieder ganz zurück in deinen Körper.

Stelle dir vor, dass du dich noch einmal ganz bewusst in deinen Körper hineinsetzt, so, als würdest du in einen Handschuh schlüpfen, sodass dein Bewusstsein deinen ganzen Körper vollkommen ausfüllt, bis in deine Hände und Fingerspitzen, bis in die Beine und Füße. Erlaube dir ganz bewusst, deine Fußchakras vertrauensvoll für das Licht der Erde zu öffnen, für diese liebende nährende Kraft der Großen Mutter, der Großen Göttin.

Und spüre, wie sie, die in ihrem Kern immer liebend, nährend und erwacht war, dich jetzt berührt … dich mit all der regenerativen Energie versorgt, die du brauchst … Du atmest diese nährende Lebenskraft einfach von unten durch deine Füße in deinen Körper ein, ziehst sie mit dem Einatmen hoch wie die Wurzeln eines Baumes das Wasser und dehnst diese Kraft in deinem ganzen Körper mit dem Ausatmen aus.

Du kannst dich erinnern, dass das Leben dich nährt und dass du nichts dafür tun musst, dass du ganz natürlich diese Lebenskraft annehmen darfst und dass sie dir in Liebe geschenkt wird, damit du dein Licht und dein Potenzial ganz und gar leben kannst.
Spüre, wie du von oben von einem Lichtfeld eingehüllt wirst, wie deine Lichtfamilie sich zu dir bewegt und du umfangen wirst von der göttlichen Liebe. Deine Lichtfamilie ist jetzt gekommen, um dich in den Tempel der Integration, der Erinnerung und des Erwachens zu begleiten.
So nimmt dich dein Engel oder Geistführer an die Hand und führt dich auf einem ganz besonderen Weg zu deinem Tempel der Integration. Du siehst ihn vor dir auftauchen, funkelnd, strahlend und leuchtend. Du spürst, wie dieses Licht dein Herz berührt … öffnet und weitet, und so gehst du mit deinem Engel und deiner Lichtfamilie in diesen Tempel hinein. Du wirst dort zu einer ganz einladenden Liege geführt, wo du es dir noch einmal bequem machst.
Und hier in diesen Tempel musst du nichts tun, hier darfst du einfach sein … und nehmen …
So spüre, wie deine Lichtfamilie sich um dich herum versammelt, wie die Engel, die Meister und all die lichtvollen Wesen aus den anderen Reichen, die zu dir gehören, dich zutiefst liebevoll anschauen und überall dort deinen Körper und deine Aura berühren, wo im Moment noch Unterstützung nötig ist …

Erlebe jetzt, wie deine spirituellen Ahnen auftauchen und dich noch einmal ganz und gar in die Frequenz deiner Seelenheimat einhüllen, aus der du stammst und in der du dein erwachtes Potenzial irgendwann schon einmal gelebt hast. Lasse dich überraschen, vielleicht tauchen auch unterschiedliche spirituelle Ahnenlinien auf.
Spüre, wie deine Ahnen dich jetzt mit dem ganz besonderen Licht dieser erwachten Linie fluten, wie dein Körper davon erfüllt wird … bis in jede Zelle hinein … wie die DNS sich wieder an deine höchste Seelenschwingung angleicht. Dein höchstes Potenzial erwacht in deinen Zellen … und du atmest sanft und gibst dich dem hin.

Und dann spüre, wie deine vier lichtvollen Ahnen aus der Linie deines Vaters und deiner Mutter in ihrem höchsten Potenzial dazutreten. Nimm wahr, wie sie in ihrem ganzen Licht dastehen.
Auch sie lassen dieses Leuchten durch ihre Hände jetzt in deinen Körper strömen, erinnern dich, dass all dies dein Erbe ist, und aktivieren in jeder deiner Zellen dein allerhöchstes Potenzial.
Spüre und erlebe, wie deine Zellen jetzt für einen Moment in Vibration geraten und wie diese Lichtlinien aus den unterschiedlichen höchsten Potenzialen sich wie in einem Tanz ganz neu in dir formieren zu deinem Ureigensten. Erlebe, wie deine Zellen zu leuchten beginnen, wie der Strom der Liebe, aus dem du stammst, wieder wach wird in deinem ganzen Sein … in deinem Geist … in deiner Seele … und hier in deinem Körper, im Menschsein …

Und deine lichtvollen Ahnen aus den genetischen und spirituellen Linien versichern dir noch einmal, dass du sie immer rufen kannst, dass sie immer hinter dir stehen und dir den Rücken stärken. Sie erheben segnend ihre Hände. Öffne dich jetzt ihrer Liebe für dich, ihrem Wohlwollen und ihrem Segen, sodass du ganz in deine wahre Größe erwachen kannst.

Jetzt kannst du dich dort im Tempel der Integration wieder von der Liege erheben und ganz in deinem Licht stehen, weit, groß, voller Würde, in dem Wissen, wer du bist … göttliches Bewusstsein, das hier auf der Erde seine Erfahrungen macht … in einem menschlichen Körper.
Du erinnerst dich, dass du auch hier bist, um das Bewusstsein der Liebe auf diesem Planeten wiederzuerwecken – in dem Wissen, wer du bist.

Deine Ahnen begleiten dich jetzt zu einem ganz besonderen Altar. Dort liegen all die Geschenke deiner Seele, die ein Teil von dir sind und die du lange Zeit vergessen hattest. Schaue dir an, was alles zu dir gehört, welcher Reichtum, welche Fülle …

Erlaube dir, die Lichtfrequenz dieser Geschenke in dich einzuatmen, ihre Energie in dich einzuladen, ganz gleich, ob du jetzt schon etwas damit anfangen kannst oder nicht. Du nimmst all das, was du brauchst, und all die Samen, die irgendwann wieder in dir blühen möchten, in dein Herz, sagst Ja zu dir und zu deiner Einzigartigkeit, deiner Fülle.

Du kannst jederzeit und wann immer du das brauchst in diesen Tempel zurückkehren, um dich zu erinnern, zu regenerieren oder auszuruhen.

Dein geistiger Führer kommt wieder an deine Seite, und du kannst ihm auf Augenhöhe begegnen, Lichtwesen trifft Lichtwesen … So wirst du ganz sanft zurückbegleitet aus dem Tempel der Integration hinaus in diesen Raum hier. Bringe dein ganzes Licht bewusst hierher in deinen Körper, in den Tempel deiner Seele.
Du kannst etwas tiefer ein- und ausatmen, als es eigentlich notwendig wäre, um dich wieder ganz in diesen Moment zurückzuatmen.
Nimm dir noch etwas Zeit zum Ausruhen.

NACHKLANG

Erfahrungsberichte

Hier einige Erfahrungsberichte von Teilnehmern, die diese Ahnenarbeit bisher gemacht haben:

»Nach der Meditation ›Frieden mit den Eltern‹ konnte ich die Präsenz des Ahnenfeldes sehr deutlich spüren und die Liebe, die von diesem durch die Generationen hindurch spürbar ist. Sie ermöglichte mir eine neue Sicht auf die Eltern, frei von den Verstrickungen der Vergangenheit. Es eröffnete sich mir ein neuer Blick, und ich kann nun das gute Erbe klar erkennen, das ich durch meine Eltern in mein Leben tragen kann. Diese Meditation hat mich tief berührt. Sie ist ein Geschenk!«

»Rein äußerlich sehe ich meiner Mutter und ihren Vorfahren ähnlich. Für mich war es erstaunlich und zutiefst berührend, dass die Ahnenlinie meiner geliebten Großmutter väterlicherseits bis in meine spirituellen Ahnenlinien in Atlantis zurückreicht und dass da etwas ist, was so tief und nährend war, ist und immer sein wird. Ich spüre, dass es keine Trennung zwischen den genetischen und den spirituellen Ahnen gibt. Wir sind eins.«

»Ziemlich schnell wurde mir klar: Hier geschieht etwas GANZ Großes. Hier passiert Heilung weit über das Diesseits und Jenseits hinaus, sogar bis in die Zukunft. Ein großartiger Frieden hat mich erfasst, und tiefe Dankbarkeit strömte aus allen Richtungen in mich ein, bis da nur noch Leichtigkeit und Freude waren. Ein sehr segensreicher Prozess, den ich auch für meine Kinder durchlaufen habe. Der Gedanke allein, die

ewig gleichen Muster erlöst zu haben, damit sich die Vergangenheit nicht permanent wiederholen muss, ist mir eine große Freude. Meinen aufrichtigen Dank an Jeanne und Shantidevi für dieses Geschenk.«

»Ich habe so eine Wärme in meinem Rücken gespürt, als meine Ahnen plötzlich dastanden und mir klar wurde, dass ich nicht mehr allein bin. Sie haben sich alle gefreut, mich zu sehen. Vielen Dank.«

Nachwort von Jeanne Ruland

In deiner Generation, in deiner Zeit
ist deine Lebensaufgabe nicht weit.
Deine Eltern schenkten dir das Leben,
und alles, was sie dir sonst noch geben konnten, war ein Segen.
Bedanke dich dafür, und ziehe weiter,
voller Freude, Frieden, lustig und heiter.

Alles, was du brauchst, ist in dir drinnen.
Dir selbst kannst du nirgendwo entrinnen.
Deine Medizin, Talente und Fähigkeiten,
sie werden dich von innen leiten.
Hier wohnt die Liebe, hier leuchtet das Licht.
mit dem der neue Tag anbricht.

Erwache in deinem wahren Erbe – nimm die Kräfte wieder an.
Über dich wachen die Sterne, sie leiten dich wahrhaftig an.
Ihr Ahnen, die ihr vor mir kamt
und meinen Weg geebnet habt,
ich segne euch, ich höre mit dem Herzen.
Heilen mögen die alten Schmerzen.
Mögen wir im Licht erwachen
und gemeinsam wieder lachen.
Danke für eure ewige Führung, Wachsamkeit und das Leuchten im Inneren, für die Wandlung und die Heilung, die geschehen ist, wenn wir euch endlich wiedersehen.
Unser Ziel ist es, unser Erbe anzuerkennen
und die Kräfte neu zu benennen.

Nachwort von Shantidevi Felgenhauer

Ich gehe meinen Weg, spüre eure liebenden, lichtvollen Augen auf mir, zutiefst wohlwollend, ermutigend und stärkend. Ich folge dem Ruf meines Herzens und wachse in die Liebe, in die ihr – geliebte Ahnen – längst eingegangen seid.
Ich spüre euren Segen und teile meine Schätze und mein Erbe mit der Welt.

In uns ruht – oft lange verborgen hinter den Schleiern des Vergessens – das Lichterbe unserer Ahnen und das unsere Seele. Sie erwachen in uns, Stück für Stück, und fließen wieder in unser Leben. Wenn wir gesehen werden, wie wir wirklich sind, wenn wir bestätigt und ermutigt werden, ganz wir selbst zu sein, entstehen in unserem Gehirn neue Nervensynapsen für neue, freudvolle Erfahrungen. Wir erblühen endlich zu dem, was wir in der Tiefe unseres Wesens schon immer waren, zu göttlichem Bewusstsein in menschlicher Form.
Aus diesem Bewusstsein fließt unendlich viel Segen in unser Leben und in die Linien unserer Sippe, nach vorn zu unseren Kindern und nach hinten zu unseren Ahnen. Wir ermutigen dann durch unser Sein andere, sich ebenfalls aus den alten Mustern und Verstrickungen zu befreien. Mögen wir uns alle erinnern, wer wir wirklich sind, und unsere Einzigartigkeit voller Liebe und Begeisterung der Welt schenken. Unsere lichtvollen Ahnen schauen mit Liebe auf uns und segnen unseren Weg.

Literaturempfehlungen

Jeanne Ruland: »Aloha – Gelebte Liebe und hawaiianische Huna-Philosophie«. Schirner Verlag, 2019

Rhea Powers: »Heimkehren ins Licht. Ch. Falk Verlag, 1987

Shantidevi: »Frieden mit den Ahnen. Zwei heilende Reisen der Versöhnung«. Shantidevi Verlag, 2013

Shantidevi: »Die Schätze deiner Seele. Zwei innere Reisen für Wachstum und Transformation«. Shantidevi Verlag, 2014

Shantidevi: »Genährt-Sein vom Leben. Eine heilende Reise zur Großen Göttin«. Shantidevi Verlag, 2013

Shantidevi: »Vergebung. Eine heilende Reise der Versöhnung«. Shantidevi Verlag, 2013

Shantidevi: »Zu Hause in dir. Zwei innere Reisen für Körpergewahrsein und Selbstakzeptanz«. Shantidevi Verlag, 2013

Über die Autorinnen

Jeanne Ruland war Autorin, Wegbereiterin in die Neue Zeit, Engelmedium, Lehrerin und Seminarleiterin. Sie unterrichtete Natur-, Engel-, Meister- und Strahlenlehre, Huna sowie Heilige Geometrie. Ihr fundiertes Wissen und ihre langjährige Erfahrung in der Energiearbeit gab sie gern weiter, um zu erinnern und zu erwecken. Am 13. November 2021, einem Engeltag, ist Jeanne Ruland ins Licht gegangen. Durch ihre zahlreichen Werke bleiben ihr unglaubliches geistiges Erbe, ihre Vision einer besseren Welt und ihr außergewöhnliches Licht unvergessen. *www.shantila.de*

Shantidevi Cornelia Felgenhauer ist Heilpraktikerin in eigener Praxis mit den Schwerpunkten spirituelle Psychotherapie, systemische Familienarbeit und Trauma-Arbeit nach Peter Levine sowie Reinkarnations-Therapie. Es ist ihr eine große Freude, Menschen auf ihrem Weg zu sich selbst zu begleiten, sie zu unterstützen, ihr höchstes Potenzial zu entfalten, die Schatten der Vergangenheit hinter sich zu lassen und Frieden zu schließen mit dem, was war und was ist. Mit ihrem ganzen Herzen unterstützt sie Menschen dabei, sich zu erinnern, dass wir aus der Liebe kommen und Liebe sind. Sie teilt die Schätze, die sie auf ihrem Weg gefunden hat, in Einzelarbeit und seit 1991 auch in Gruppen und Seminaren. *www.shantidevi.de*

Bildnachweis

Bilder von der Bilddatenbank www.shutterstock.com:
Cover und Schmutztitel: #577570375 (©Fominayaphoto), #1034679463 (©superbank stock), #299954873 (©kurbanov), #1037683225 (©kurbanov)
Schmuckelemente auf allen Seiten: Kreis auf Aufmacherseiten: #299954873 (©kurbanov); Borten: #580363210 (©Desirede), #1037683225 (©kurbanov); Schmuckelement auf Bildern: #1300983253 (©Marina Storm)
Weitere Bilder: S. 5: #577570354 (©Fominayaphoto), S. 7: #320044109 (©FocusStocker), S. 10: #162951995 (©norinori303), S. 13: #559143499 (©Fominayaphoto), S. 21: #1006800511 (©Maridav), S. 24: #366149123 (©KhunYing), S. 28: #1066699943 (©LaineN), S. 39: #1342798466 (©Liudmila Fadzeyeva), S. 45: #139898989 (©halimqd), S. 62: #217900003 (©Irina Burakova), S. 67: #1440959093 (©Billion Photos), S. 80: #577570354 (©Fominayaphoto), S. 87: #1727746684 (©oule Sorubou), S. 93: #1092903740 (©The Five Aggregates), S. 97: #532905097 (©Kasey VancouverBC), S. 105: #1416193697 (©T.Photo), S. 110: #632511668 (©Maridav), S. 44: #581877238 (©Wonderful Nature), S. 147: #539981548 (©Fominayaphoto)

Weitere Bilder:
S. 115: ©Jeanne Ruland
S. 129: ©Shantidevi Felgenhauer
S. 151, Autorenbild von Jeanne Ruland: ©Andrea Kowitz-Vierheller
S. 151, Autorenbild von Shantidevi Felgenhauer: ©Shantidevi Felgenhauer